世界と日本
がわかる
国ぐにの歴史

一冊でわかる
ロシア史

関 眞興
Seki Shinkoh

河出書房新社

はじめに

謎の大国ロシア

世界地図を眺《なが》めてみると、ロシアの広さに圧倒《あっとう》されます。西はポーランドやウクライナとの国境から、東はアメリカ合衆国との境界になるベーリング海峡《かいきょう》まであります。領土の広さは、世界一。北はツンドラといわれる永久凍土《えいきゅうとうど》で、マンモスの骨《ほね》や化石《かせき》、冷凍標本が見つかることもあります。南は中国、モンゴル、カザフスタンなどと国境を接しています。海をへだてた日本も、国境を接していますね。

本書は「ロシアってどんな国なんだ」と疑問を抱いている人に向けて、その歴史をわかりやすく紹介します。たとえば、刻々と変化する領土や、国を統治したロシアの王・皇帝たちの功罪《こうざい》、複数の大きな国が集まって形作《かたちづく》られたソ連（ソヴィエト連邦《れんぽう》）の成り立ちから解体までをしっかり解説します。

ロシアのスケールとともに、帝政と独裁の歴史を知るきっかけになれば幸《さいわ》いです。

関眞興

知ってびっくり!

ロシアの4つのひみつ

初めてロシア史にふれるあなたに、意外な事実を紹介します!

ひみつ1

「雷帝」という呼び名は、じつは悪い意味だった!

ロシアの初代ツァーリであるイワン4世は、人々から「雷帝」と呼ばれますが、その理由は権力による強引な政治を行ったためで、讃える意味はありませんでした。

→くわしくは38ページへ

ひみつ2

ひげに課税した皇帝がいた!?

ピョートル大帝は近代化政策の一環で古いロシアのシンボルである長いひげをそるのを推奨し、そらない者には「ひげ税」を課しました。

→くわしくは60ページへ

ひみつ3

第二次世界大戦でスターリンは油断していた？

第二次世界大戦でドイツがソ連に攻め込んできた際、スターリンはドイツと結んだ条約を信用して油断しており、開戦の2時間前にやっと指令を出しました。

まさか
攻めて
くるとは…。

→くわしくは
150ページへ

ひみつ4

マクドナルドのロシア1号店が大盛況！

ロシア1号店がモスクワにできると、開店初日に3万人以上の人が押しかけて、行列の長さは数キロメートルにおよび、あまりの騒ぎに警察も出動しました。

Макдоналдс

→くわしくは
184ページへ

さあ、ロシア史をたどっていこう！

目次

chapter 3 ロマノフ朝の成立

chapter 4 19世紀のロシア

chapter 5 帝国主義と大戦

chapter 6 ロシア革命

chapter 7 「ソ連」の時代

chapter 8 現代のロシア

ひみつコラム

〈クレムリン〉

ロシアの首都モスクワにある城壁です。1990年、中心部にある「赤の広場」とともに世界遺産に登録されました。

プロローグ

広すぎる大地とロシア人のルーツ

ロシアは国土があまりにも広いため、輪郭《りんかく》がつかみにくいと感じるでしょう。ロシアは、ひたすら広いのですが、ほぼ北緯50度以上に位置しており、これは北海道のさらに北になります。北緯66度33分線より北の地域は北極圏と呼ばれ、夏でも溶けることのない凍《い》てついた大地が広がっています。

目印となる河川や地名を紹介します。国土全体の西寄りにウラル山脈が南北に走っています。これがアジアとヨーロッパを区切る境界です。これから紹介するロシアの中世史は、おもにこの山脈よりも西が舞台となります。ロシア人が住んでいた地域は森や草原が広がっており、彼らはそこで狩猟《しゅりょう》や蜂蜜《はちみつ》づくりをしていました。また、森を切り開き、焼《や》き畑《はた》農業や牧畜《ぼくちく》を行い、河川や湖では魚をとっていました。

さて、ロシアの大地には、エヴェレストのような特別な高山はありません。ロシア人は、南北に流れるいくつもの大河を利用して、南北・東西に道を開いていきました。

首都であるモスクワと極東のウラジオストクを結ぶシベリア鉄道の長さは、なんと約

9300キロ（函館《はこだて》から鹿児島《かごしま》までの新幹線の3倍以上）。この距離を特急列車が1週間かけて走ります。ちなみに、モスクワは北緯55度付近に位置し、冬の朝は9時にならないと明るくならず、夕方は4時には暗くなります。また、北緯60度に位置するペテルブルクの場合、夏は白夜《びゃくや》になります。

現代のロシア人は、世界最大の湖・カスピ海に流れ込むヴォルガ川を「母なるヴォルガ」と愛着を込めて呼びます。その上流域にある支流のモスクワ川が、首都モスクワを流れています。モスクワがロシアの中心になるのは、15世紀末から16世紀の初めにかけてです。

カスピ海の西には、地中海につながる黒海《こっかい》があります。ここもアジアとヨーロッパの中間に位置し、多くの河川が流れ込んでいます。

ヨーロッパでもっとも有名な川は、オーストリアのウィーンを流れるドナウ川ですが、ロシアにとって重要なのは、ドニエプル川です。この川の中流にはウクライナの首都キエフがあります。かつてこの都市は、ロシアの中心でした。

北西部で重要な都市といえば、バルト海の奥（フィンランド湾）の東側の内陸にある

■ 首都
● 都市名
▲ 山
━ 川

総面積　約1712万㎢
総人口　1億4680万人
モスクワの人口　1267万8079人

※外務省ホームページの情報（出典：ロシア国家統計庁）に基づく

	最低気温	最高気温
モスクワ	-12.3℃	19.9℃
ウラジオストク	-6.7℃	19.2℃

※世界の統計2020に基づく

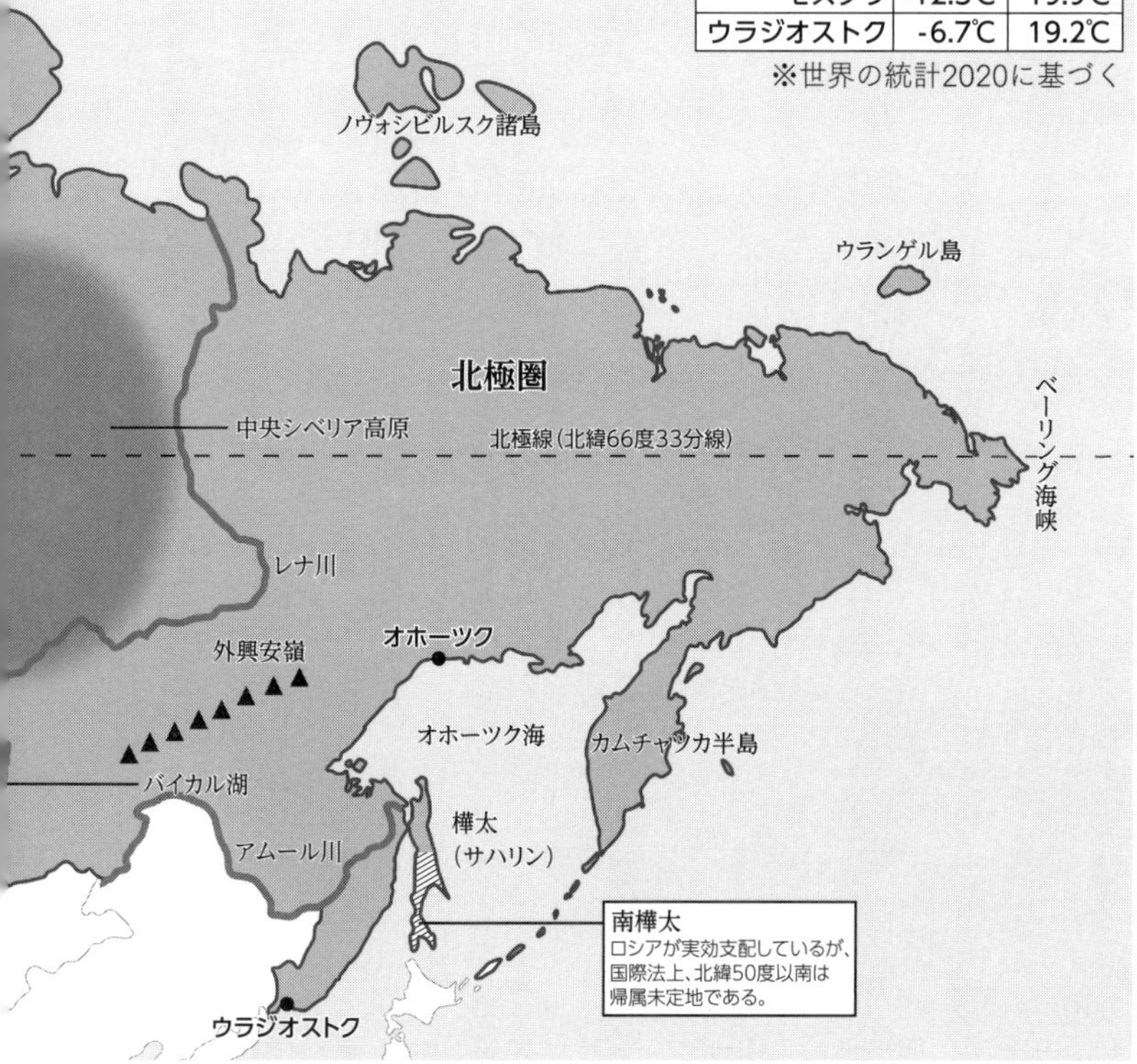

ロシアの国土

ゼムリャフランツァヨシファ
セーヴェルナヤ・ゼムリャ
北極海
ノヴァヤゼムリャ
バレンツ海
白海
エニセイ川
オビ川
ウラル山脈
サンクト・ペテルブルク
ボログダ
ノヴゴロド
ニジニー・ノヴゴロド
ヤロスラヴリ
エカチェリンブルク
バルト海
モスクワ
カザン
リャザン
カリーニングラード
ドニエプル川
ヴォルガ川
キエフ
クリミア半島
2014年にロシアが併合したが、ウクライナをはじめ、アメリカや日本などはそれを承認していない。
ドン川
アストラハン
黒海
カスピ海
コーカサス山脈

ノヴゴロドです。

大自然で静かに暮らしていたロシア人は、9～10世紀ころに動きはじめました。スカンジナビア半島から南下してノヴゴロドに拠点《きょてん》を置いたノルマン人（ゲルマン民族）が、ドニエプル川などを経由し、東ローマ帝国方面と交易《こうえき》を行いました。ロシア人も毛皮や蜂蜜、それに奴隷《どれい》などの取引にかかわりました。支配者も、金や銀をはじめ、馬や絹織物などがロシアにもたらされるのを望みました。

峻厳《しゅんげん》な山地がなく、平坦に森と平野が続いているのですが、寒冷のため穀物の生産はあまり期待できません。これがロシア経済のネックになっていました。しかし、近年は石油や天然ガスなどの開発が進み、資源大国になっています。「母なる大地」という言葉がありますが、広大なロシアの大地は、ロシア人の将来に何を与えていくでしょうか。

ところで、ロシア人とは、紀元前1世紀ころから現在の東ヨーロッパに存在したスラヴ系民族のひとつです。ローマの歴史家タキトゥスの記録では、ほかにウクライナ人、セルビア人、ブルガリア人などがいます。

では、ロシア人のルーツからたどっていきましょう。

chapter 1

キエフ・ルーシ

ロシア以前のゴタゴタ

世界史の教科書には、「4世紀にフン族がドナウ川を越えてローマ領内に侵入《しんにゅう》を始め、それをきっかけにゲルマン人が大移動をした」という話が登場します。このゲルマン人の大移動がおちつきはじめた7世紀ころから、スラヴ人は西・南・東へと少しずつ居住地域を広げていきました。

一方、8～11世紀にかけて、デンマークやスウェーデンにいたノルマン人がバルト海から北海《ほっかい》、さらに地中海方面にまで移り住むようになりました。

その目的は交易のほか、人口が増えて新たに住む場所を求めたこと、そして食料の確保です。ノルマン人の移住先にもともと暮らしていた人々は、略奪《りゃくだつ》にやってくるノルマン人を「ヴァイキング（古いスラヴ語でヴァリャーグ、ヴァリャーギは複数形）」と呼んで、おそれていました。

ノルマン人の一部はロシア方面にも進出します。現在のロシア第2の都市であるサンクト・ペテルブルクから150キロほど離れた内陸につくられたノヴゴロドという都市が、彼らの拠点になりました。ノルマン人はそこから南下し、ドニエプル川からキエフを経由して黒海を渡り、東ローマ帝国の首都コンスタンティノープルに至《いた》りました。

ノルマン人が動いたこのルートは、「ヴァリャーギの道」といいます。9～11世紀ころのヨーロッパは、ノルマン人に取り囲まれていたのです。

ノルマン人のロシア進出

ノヴゴロドとキエフを結ぶ道の東西には、ロシア人の祖先たちが暮らしていました。ノルマン人が行《い》き来《き》しはじめたころ、彼らはいくつもの部族に分かれていました。それらが統一され、ロシアという国ができるには、まだ少し時間がかかります。

ちなみに、ロシアをはじめとするスラヴ系国家で使われているキリル文字は、900年前後に誕生しました。モラヴィア王国（現在のチェコ東部とスロヴァキア周辺）でキリスト教を布教《ふきょう》したキュリロスとメトディオスがつくった文字をさらに改良したものです。また、スラヴ語は10世紀から11世紀の間にスラヴ語圏《けん》の東部（現在のウクライナ・ベラルーシ・ロシア連邦西部など）に広がりました。

妻の逆襲！

小さな部族が土地をめぐって争っていたロシアでは、9世紀になって社会を安定させられる人物が求められました。ロシア人は、ノルマン人のリューリクを支配者として迎えます。それにこたえて、リューリクはノヴゴロド地方をまとめました。

リューリクの死後、その息子イーゴリを助けたオレーグは、ノヴゴロドから南下してキエフを占領《せんりょう》しました。新しい拠点はキエフ・ルーシと呼ばれる国家として成立。リューリクの子孫が支配を続けたことから、リューリク朝と呼ばれます。

キエフ・ルーシの初代大公イーゴリは、周辺のスラヴ系小国家にみずから出向いて、税を納めるよう要求しました。集められた毛皮や蜜蠟《みつろう》、蜂蜜は、東ローマ帝国やイスラム世界などと取引され、キエフ・ルーシの重要な収入源となりました。

ところが945年、イーゴリは別の部族との戦いで暗殺されてしまいます。妻オリガは、イーゴリを殺した部族を攻撃し、住民をことごとく殺害しました。きびしい態度を取ったことで、オリガはキエフ・ルーシで支配者としての立場を強めていきました。

さらにオリガは、友好関係を築《きず》くために東ローマ帝国を訪問し、また東フランク王国のオットー大帝に使いを出して西ヨーロッパ世界との関わりも持とうとしました。こうして、外交に気を配りながら、納税制度を固めるという改革を進めていったのです。

オリガの息子スヴャトスラフは、母親とは対照的に領土

そのころ、日本では？

939年（天慶2）に、日本では平将門《たいらのまさかど》が朝廷《ちょうてい》に反乱を起こし、関東一帯を支配すると新皇《しんのう》を名乗りました。しかし、この乱はわずか2カ月たらずで藤原秀郷《ふじわらのひでさと》、平貞盛《たいらのさだもり》らにより鎮圧されてしまいます。将門の首は京へ送られ、さらし首になりました。

を広げにかかりました。まずねらったのは、キエフ・ルーシの南東にある遊牧民《ゆうぼくみん》が建てたハザール王国です。この王国は、カスピ海と黒海の間を流れるドン川を中心にした交易ルートを支配し、繁栄《はんえい》していました。

スヴャトスラフはハザール王国と戦い、その西部の土地を奪《うば》いました。そして、ノヴゴロドからキエフを経《へ》て黒海に至るヴァリャーギの道を完全に支配下に置きます。また、ドナウ川の下流域の都市ペレヤスラヴェッ（現在のブルガリアあたり）に東西の物資が集まっていることを知ったスヴャトスラフは、そこで生活することを望んだといわれます。ただし、部下に反対されて実現しませんでした。

ともあれ、キエフ・ルーシは拡大を続けていったのです。

キリスト教を取り入れろ！

971年、スヴャトスラフは東ローマ帝国とブルガリアをめぐって戦いました。ところがその帰路、黒海北岸のペチェネーグ人に襲《おそ》われ戦死すると、3人の息子が後釜《あとがま》をめぐって争いました。

リューリク朝の家系

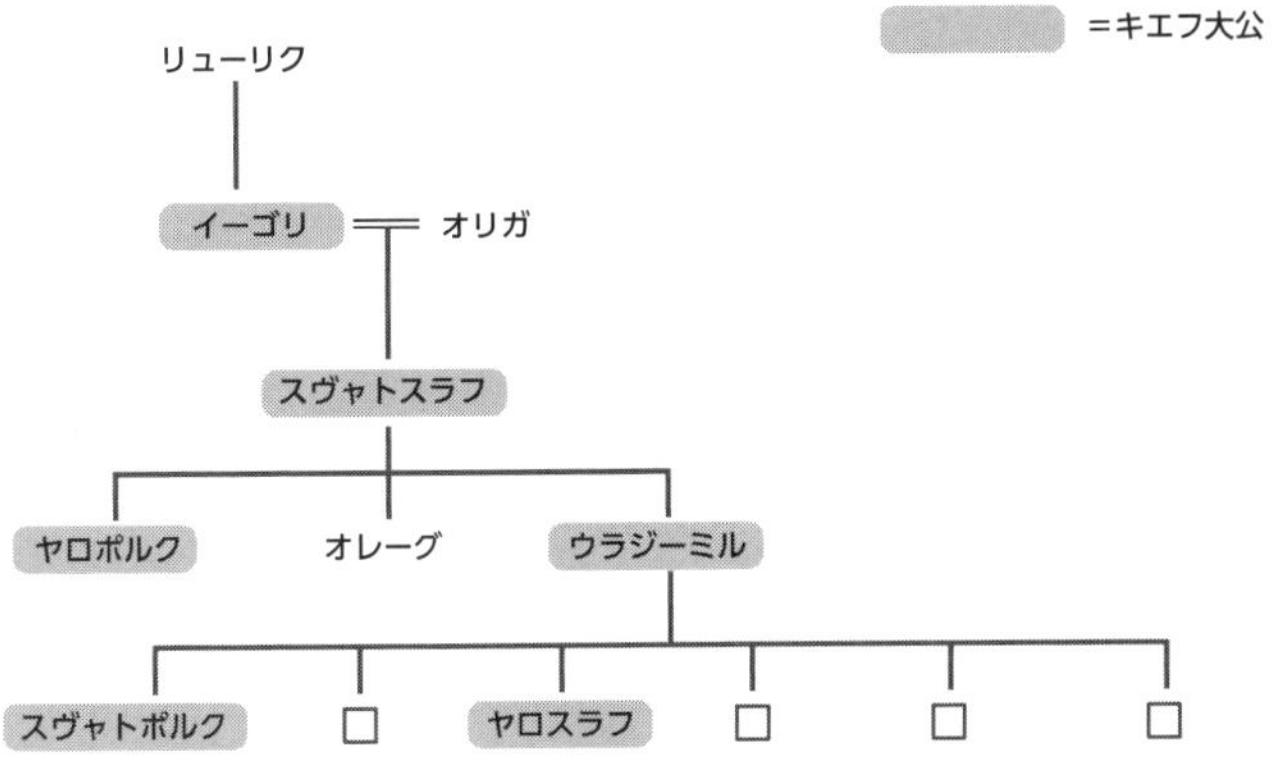

キエフ大公の位を継承した長男のヤロポルクは、弟（次男）のオレーグを殺します。ノヴゴロドを支配していた三男のウラジーミルは身の危険を感じ、ノルマン人を頼《たよ》って一時ロシアを離《はな》れました。

ノルマン人の支援を得て反撃の態勢《たいせい》を整《ととの》えたウラジーミルは、ロシアに戻《もど》って反ヤロポルク勢力を集め、キエフに向かいます。戦闘の合間に交渉にやってきたヤロポルクは部下に殺され、兄弟の争いは決着。ウラジーミルは周辺へ進出し、978年にキエフ大公の地位につきます。これで支配地は大きく広がりました。

985年、バルカン半島で東ローマ帝国の将軍が皇帝に対して反乱を起こしました。

ウラジーミルは東ローマ皇帝バシレイオス2世から支援を求められます。勢力拡大をねらうウラジーミルは、987年にバシレイオス2世の妹との結婚を条件に援軍《えんぐん》を送り、この反乱をしずめました。

990年ころにウラジーミルはキリスト教へ改宗《かいしゅう》し、バシレイオス2世の妹アンナと結婚しました。こうして、キエフ・ルーシと東ローマ帝国は親族関係となります。

それまでのロシアは農耕社会であり、大地への素朴《そぼく》な信仰《しんこう》がありました。そこにキリスト教がもたらされ、ロシアがキリスト教文化圏に入っていきました。ただし、西ヨーロッパのローマ・カトリックとは異なり、教義についての論争はすでに終わっていたため、修道院で静かに考えたり（瞑想《めいそう》）、聖像や聖者の絵（イコン）の前での儀式を重要視するなど、大きなちがいがあります。

1015年にウラジーミルが死ぬと、また息子たちによる相続争《そうぞく》いが起こりました。それを制したヤロスラフは、ノルマン人に助けられながら、ロシアで最初の法典ルースカヤ・プラウダ（ルーシ法典）をつくります。それまで伝統的に作り上げられてきた慣習法を、明文化したのです。

さらにヤロスラフはポーランドと戦って領土を拡大します。南方の遊牧民とも戦い、その勢いで東ローマ帝国まで攻撃しますが、失敗に終わりました。

父のウラジーミルとは異《こと》なり、ヤロスラフは西ヨーロッパ諸国と密接な関係を築きました。次男をポーランド王の妹と結婚させています。妹はポーランド王に、娘たちはフランス、ハンガリー、ノルウェーの王家に嫁《とつ》ぎました。ヤロスラフ自身もスウェーデン王の娘と結婚します。

ヤロスラフの時代、キエフ・ルーシは繁栄期を迎えていました。

おとろえていくキエフ・ルーシ

ヤロスラフの死後、キエフ大公の地位をめぐって、リューリク家の兄弟や親族間で対立が発生し、半世紀以上もゴタゴタが続いたせいで、キエフ・ルーシはおとろえてしまいます。

12世紀初めにヤロスラフの孫であるウラジーミル・モノマフが一時的に体制を立て直しましたが、大公の権威《けんい》は低下するばかりでした。

その原因のひとつは、十字軍の遠征やモンゴルの侵入によって、南北の交通が避けられるようになり、キエフを通るヴァリャーギの道が廃《すた》れていったことです。

十字軍は、7世紀のイスラム教の勃興《ぼっこう》以来、イスラム教徒に占領されていたキリスト教の聖地イェルサレム奪回のため、ローマ教皇が呼びかけ、11世紀末から始まります。13世紀にはモンゴル軍に首都キエフが占領されたり、税収が減ったりしたことで、キエフ・ルーシは弱体化していきました。

そして、大公の支配下にあった有力な「公」たちが自立し、その領地をついでいったのです。時代はちがいますが、日本の室町《むろまち》時代に足利《あしかが》将軍の権威がおとろえて、各地で守護大名《しゅごだいみょう》が力をつけていったようなイメージです。

このような公国のなかで、北東部のウラジーミル・スズダリや南西部のガーリチ・ヴォルイニが通商の要衝《ようしょう》を支配下に置いていたため勢力を強め、バルト海に通じるノヴゴロドの経済力が際立っていきました。

街の建設に力を貸したノルマン人の影響を受け、ノヴゴロドは共和制（王のような支配者がおらず、複数の人々が討議《とうぎ》して決定する統治体制）を採用していました。そして、西ヨーロッパの商人が毛皮などを求めて訪れ、経済が発展していったのです。

タタールのくびきって？

キエフ大公の権力がおとろえると、キエフ・ルーシの周辺で暮らしていた遊牧民が活発に動きはじめます。

13世紀の初め、チンギス・ハンが、モンゴル高原を統一してモンゴル帝国を建国します。モンゴル人は西へ西へと

そのころ、日本では？

チンギス・ハンがモンゴル高原を統一したころ、日本では鎌倉幕府がすでに成立しています。モンゴル帝国がヨーロッパを席巻《せっけん》していた1241（仁治2）年ころの日本は平和でしたが、その約30年後にモンゴル帝国は日本にも侵攻してきて、元寇《げんこう》が勃発します。

タタールの支配（13世紀ころ）

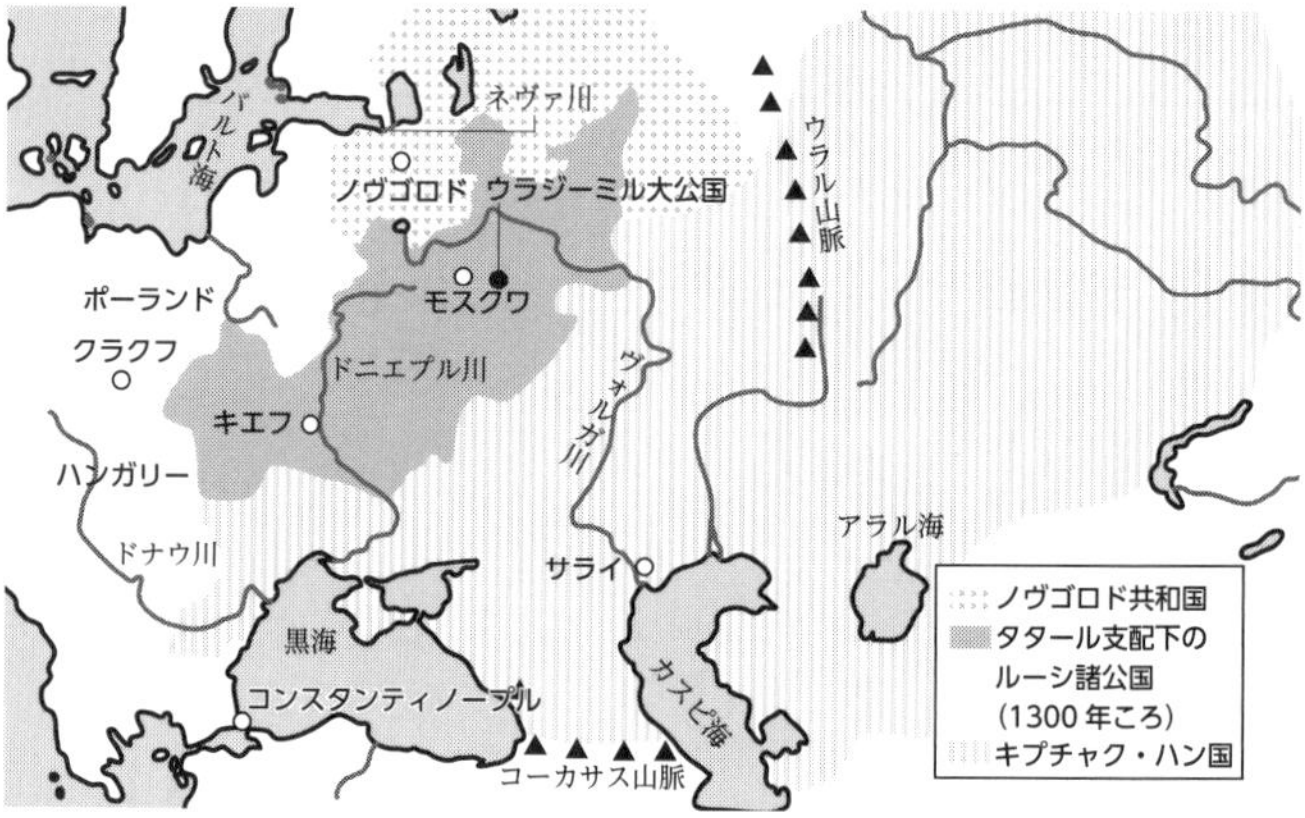

勢力を広げ、ついに東ヨーロッパにも侵入してきました。

キエフなど当時のロシアの諸都市は大きな被害を受け、領土も失われていきます。モンゴル軍はポーランドやハンガリーと戦って勝利しましたが、それ以上の西進をあきらめました。

1241年、モンゴル帝国のハン（君主）だったオゴタイが死ぬと、モンゴル軍は東ヨーロッパからは引き上げました。

ところが、ヴォルガ川の下流のサライを拠点にキプチャク・ハン国がつくられ、ロシア人の諸公国は税金を払うよう求められます。

こうしたモンゴルによる強制的な支配を、

ロシアでは「タタールのくびき」と呼びます。

モンゴルに苦しめられていたロシア人を、さらなる苦難がおそいました。ドイツ騎士《きし》団《だん》が、ロシアへと攻め込んできたのです。

ドイツ騎士団は、ローマ・カトリックを信仰する騎士身分の男子たちによって組織されていました。当時のロシアで信仰されていたキリスト教は、これとは別の「正教会《せいきょうかい》」と呼ばれる宗派です。

ウラジーミルがキリスト教を採用した際、西ヨーロッパのローマ・カトリックと対立したことがあだとなり、ドイツ騎士団に攻撃されました。東西から圧力をかけられてピンチを迎えたロシアに、ひとりの英雄《えいゆう》が現れます。アレクサンドル・ネフスキーです。

英雄ネフスキー

13世紀のなかば、ノヴゴロド公のアレクサンドルはウラジーミル公国を支配し、キエフ・ルーシの大公に「私がウラジーミル大公である」と宣言することで、その力を誇示《こじ》しました。政治力や軍事力で力をつけてきたことによる自信の証《あかし》です。

アレクサンドルは、差《さ》し迫《せま》っている東西の強敵にうまく対応しました。東方のキプチャク・ハン国へは、その支配に反抗しないと約束して都のサライを何度か訪問します。東方の安全を確保したことで、国力を温存することに成功しました。

西方に対しては強気に出ます。軍事的才能にめぐまれていたアレクサンドルは、徹底的《てっていてき》に戦いました。

1240年、バルト海からノヴゴロド方面への進出をねらっていたスウェーデン軍をネヴァ川で破ります。

このときアレクサンドル・ネフスキ

ー（「ネヴァ川のアレクサンドル」の意味）と讃《たた》えられました。

アレクサンドルは、2年後、スウェーデンに続いてやってきたドイツ騎士団とは、凍結したチュード湖で戦って打ち破りました（氷上の戦い）。

ところで、アレクサンドルがモンゴルには臣下《しんか》としてふるまい、ドイツ騎士団と激しく戦った理由は、なんだったのでしょうか。それは、前者が税金さえ払っておけば、領土を奪おうとしなかったのに対し、後者が領土的野心だけでなく、カトリック布教を目的としていたためです。

国を安定させるため、必要なところでしか戦争をしなかったアレクサンドルの現実的な戦略は、のちのロシア人から大いに讃えられました。

しかし、彼の死後、ウラジーミル公国の有力な「分公国」がノヴゴロド公国の命令に従わなくなりました。この分公国のなかから、モスクワとトヴェーリが台頭《たいとう》していくのです。

知れば知るほどおもしろいロシアの偉人❶

ロシア文字の産みの親

キュリロス

Kyrillos (Kōnstantinos)

(826 or 827 ～ 869)

布教のため新たに文字を考案した天才

キュリロスとは、コンスタンティノスの修道士名です。ギリシアに生まれ、早くから天才とうたわれます。東ローマ帝国の大学で哲学《てつがく》を講義し、「フィロソフォス（哲人）の名で知られていました。

兄のメトディオスとともにモラヴィア王国に派遣された際、現地スラヴ人の発音に合わせて「スラヴ文字（グラゴール文字）」を考案します。聖書と典礼《てんれい》の一部を訳してキリスト教を布教したことで、“スラヴの使徒”と呼ばれました。その後、キュリロスの布教は失敗に終わり、旅先のローマで亡《な》くなりました。

しかし900年前後のブルガリア地方で、キュリロスとメトディオスの弟子《でし》たちがグラゴール文字をもとに「キリル文字」を作ります。これが現在のロシア文字の原型です。ちなみに「キリル」とは、キュリロスのロシア語読みです。

chapter 2

モスクワ大公国

です。

モンゴルの支配下で

キエフ大公国のあと、中世ロシアを支配したウラジーミル大公国ですが、14世紀にある問題が発生していました。国内の小公国が、大公の命令を聞かなくなってしまったのです。

支配力が弱まった大公に代わって力を持ったのは、東北地域のトヴェーリ公国やモスクワ公国でした。両国ともに、ノヴゴロドからヴォルガ川に向けての重要な地点に位置します。豊かな農耕地帯であったため、税収も多かったのです。

ただし、当時のロシアは依然《いぜん》としてキプチャク・ハン国のモンゴル人に支配されていました。ロシア人は、モンゴルから官僚制《かんりょうせい》による統治のシステムや税を取り立てるしくみ、道路網の整備方法など、多くのことを学んだといわれます。

1318年、トヴェーリ公国とモスクワ公国がウラジーミルの「大公」の位をめぐって戦い、モスクワ公国が勝利します。

これ以降もトヴェーリとの戦いは続きますが、1327年にモスクワ公国が大公国となったことで、ロシアにおける立場がさらに強化されていきました。

1380年には、モスクワ大公ドミトリー・ドンスコイがクリコヴォの戦いでキプチャク・ハン国に勝利します。ただ、モンゴルから独立することはかなわず、その後100年間、キプチャク・ハン国のロシア支配が続きます。

この間、モスクワ大公国内部では、最高権力者であるウラジーミル大公の位をめぐり、一族間で権力争いが起こります。このゴタゴタのせいで、経済活動も低迷しました。

これが「ロシア」の始まり

1460年代から1480年代にかけて、ドミトリー・ドンスコイのひ孫であるイワン3世が、最強の敵対勢力であったノヴゴロドを含《ふく》むキエフ・ルーシの北部一帯をモス

そのころ、日本では？

1472（文明4）年、日本では応仁《おうにん》の乱《らん》の最中でした。1467（応仁2）年に発生したこの乱により、京の都は荒廃します。1473（文明5）年には西軍を率いていた山名宗全《やまなそうぜん》と東軍を率いていた細川勝元《ほそかわかつもと》が相次いで亡くなったことで和議《わぎ》が期待されたものの、うまくいきませんでした。

モスクワ大公国の領土（15世紀）

クワ大公国に併合《へいごう》しました。これで内紛《ないふん》は決着します。このころ、ルーシは「ロシア」と呼ばれるようになりました。

ロシアでも、スラヴ人とノルマン人が同化していき、土地の名前も、「ルーシ」から「ルーシア」、さらには「ロシア」となったのではないかと考えられます。

この説については、現在も論争が続いていて、明確な結論は出ていません。つまり、ロシアという名前のルーツはよくわからないのです。

1472年、イワン3世は最後の東ローマ皇帝の姪《めい》ゾエと結婚します。この結婚によって、モスクワは「第3のローマ」と呼ばれるようになりました。

カトリックの頂点に立つローマ教皇は、ロシアで信仰が広がることを期待したといわれます。しかし、ロシア人はポーランド人やリトアニア人がカトリックを信仰することに反感をいだきました。

そのため、当時のロシアやその周辺の人々の間にはカトリックは広がらず、モスクワがローマ、コンスタンティノープルに次ぐ都市だという意識はありませんでした。

少しずつ権力と行動力をつけていったイワン3世は、モンゴルとの戦いを終わらせ、強大な国家になっていたリトアニアと戦って屈服《くっぷく》させます。

これらの戦いを続けながら、イワン3世は新しい法典をつくり、官僚による統治システムを整えました。さらに神聖ローマ帝国やローマ教皇庁、ハンガリー、オスマン帝国、イランなど周辺諸国とも友好関係を築いて、安定した政権になります。

また、イワン3世は、「ロシアの君主」を表す言葉としてツァーリを名乗りました。これは古代ローマのシーザー（カエサル）を、ロシア語化した言葉です。ツァーリを使うことで、モスクワ大公である自分が、古代ローマの有力者と等しくなったことを示したといえます。

しかしイワン3世の晩年《ばんねん》、息子ドミートリーとその異母弟《いぼてい》ヴァシーリーが対立し、有力貴族や教会内部の対立などもからむ後継者問題が起こりました。

最終的にヴァシーリーが勝利し、ツァーリに即位《そくい》します。ヴァシーリー3世は兄の政治を引き継ぎ、反対勢力を抑え込んでいきました。

雷帝と呼ばれた男

16世紀になると、モスクワ大公国の政権内で対立が起こります。

モスクワの宮廷《きゅうてい》にはツァーリを支持する勢力と、それに反対する有力貴族がいました。1533年、イワ

ン3世の孫がイワン4世として即位します。といっても3歳の幼児だったため、母のエレーナが摂政《せっしょう》（君主に代わって政治を行う役職）を務めることになりました。ところが、有力者が幼いツァーリの権限を利用しようと近づいたせいで、混乱が続きます。

1547年、成長したイワン4世は正式にツァーリの称号を使いはじめました。母の親族の協力などもあり、イワン4世は大きな権限を持ちます。

イワン4世の政治で注目すべきは、オプリチニナという政策です。きっかけは自分が病気になったとき、別の人物をツァーリにしようとする陰謀《いんぼう》が発覚したことでした。

イワン4世は、陰謀に加わった貴族たちの土地を没収して国有地とし、忠誠を誓《ちか》う勢力に分配します。おもな官僚を自分の意のままに操《あやつ》れる者で固め、軍隊も強化しました。

こうした強引な政治を行ったことから、イワン4世は人々に「雷帝」と呼ばれました。

死んだはずのドミートリー

イワン4世が1584年に死ぬと、その強引な政策に不満を持つ人がツァーリの命令を無視するなどして、ロシアはふたたび混乱しました。

有能であると期待された長男のイワンは、女性問題や対外関係で父親と対立を続けており、最終的に怒った父親からの暴力で殺されてしまいます。そして、弟のフョードルがツァーリを継承しました。

ところがフョードルは病弱で無能な人物でした。そして、義理の兄（妻の兄）ボリス・ゴドノフが政治の実権を握《にぎ》ります。イワン4世の三男ドミートリーが謎の死をとげていたため、ほかに跡継《あとつ》ぎはいません。

1597年末にフョードルが死ぬと、リューリク以来の血統がついにとだえ、翌年ボリス・ゴドノフがツァーリを継承しました。

ゴドノフは、イワン4世の政治をまねて独裁体制をつくりあげようとしました。1595年にはバルト海方面でスウェーデンと戦って勝ち、イワン4世時代からポーランド

そのころ、日本では？

1598（慶長《けいちょう》3）年に豊臣秀吉《とよとみひでよし》が亡くなったあと、徳川家康《とくがわいえやす》率いる東軍と、石田三成《いしだみつなり》を中心とする反徳川勢力の西軍が、1600（慶長5）年に激突します。関ケ原《せきがはら》の戦いというのが通称ですが、家康が天下を握ったため、「天下分け目の戦い」ともいわれています。

などとのリヴォニア戦争に敗れて以来、失われていた領土を回復します。

ところが1600年ころにロシアは大飢饉《だいききん》に見舞われました。飢餓《きが》に苦しむ農民は暴動を起こし、貴族は王朝の血を引かないゴドノフに不満をつのらせました。

政治の混乱が続いていた1602年、死んだはずのドミートリーを名乗る人物が、ポーランドに出現します。ポーランド国王は、このドミートリーを利用してロシア領を奪おうとたくらんでいました。

1604年、ドミートリー率《ひき》いるポーランド軍がロシアに侵入すると、ロシア人貴族や農民が「本物が現れた」と信じてしまいました。そして翌年、モスクワに入ったドミートリーはツァーリとなります。ところが、1606年の反ポーランドの反乱のとき、あっさり殺されました。

一連の事件でロシアでは各地の有力者が独立し、ツァーリの権威は地に落ちてしまいました。

ひみつコラム

ロシア料理の伝統と歴史

シベリアや中央アジアの料理を取り入れて発展

ロシア料理といえば、ボルシチやピロシキが有名です。地域ごとに差はありますが、通常のフルコースは、まずザクースカ（ビュッフェ形式の前菜）、スープ、肉、デザートの順に提供されます。

ボルシチはキャベツの入ったシチューで、トマトとビーツで赤い色をつけます。バターで炒《いた》めたキノコなどと牛肉をワインで煮込み、サワークリームソースをかけたビーフストロガノフも人気です。揚《あ》げた総菜《そうざい》パンであるピロシキも一般的です。

ロシア料理の歴史をさかのぼると、ライ麦の黒パン、穀物のおかゆ、でんぷんを使ったゼリー状のフルーツ料理キセリなどがあります。16世紀後半には、チョウザメの卵（キャビア）が本格的にロシア料理に取り入れられるようになりました。

飲み物は、ライ麦と麦芽《ばくが》を発酵《はっこう》させた微炭酸飲料クワス、蜂蜜酒、ビールが愛飲さ

れ、その後ウォッカも人気となりました。
17世紀からは宮廷の献立《こんだて》についても記録が残されています。ツァーリ（皇帝）の平日の食事は70皿ほど。少し口をつけただけで下げられ、近侍の貴族たちに渡されたそうです。
18世紀以降、近代化にともなっておもにフランス料理がもたらされます。貴族たちがフランス人コックを雇《やと》う反面、農民出身の商人たちは伝統的な食習慣を洗練《せんれん》させながら、新たにロシアの勢力圏に入ったシベリアや中央アジアの料理を取り入れていきました。これが現代のロシア料理につながっています。
日本にはロシア革命後、長崎や神戸にロシア料理のレストランが現れますが、本格的に親しまれるのは第二次世界大戦後でした。

知れば知るほどおもしろいロシアの偉人②

「金袋」と呼ばれた大物政治家

イワン1世

Ivan Kalita

(??? ～ 1340)

財力でモスクワの勢力を拡大していった策略家

「イワン・カリタ（＝金袋）」と呼ばれるほどの富を蓄《たくわ》えたやり手の政治家として知られています。

父親はモスクワ大公国を開いたダニイルで、イワン自身も1325 ～ 1340年にモスクワ公として在位しました。キプチャク・ハン国の間接的な支配下にあったロシアで1327年にハーンの使節を殺害する反乱が起こると、イワンは5万のハーン軍とともに兵を進めて鎮圧。イワンはハーンからウラジーミル大公の称号を許されました。

その後、正教会のギリシア人の府主教からの支持を得て、商業による経済的繁栄や移住民の流入をうながし、周辺諸国を買収しました。治安《ちあん》も良好で、イワンの働きによりモスクワ公国はロシアの中心的役割を担いました。

財力をもとに、武力ではなく謀略《ぼうりやく》でハーン国にとりいったため、「タタールの奴隷頭《どれいがしら》」などと非難されることもあります。

chapter 3

ロマノフ朝の成立

若きツァーリは凡人？

強力な指導者がいなくなったモスクワ大公国には、スウェーデン人やポーランド人が侵入していました。対立してばかりのロシア人も、「社会を安定させるためにロシア人どうしが協力しなければいけない」と危機感を持つようになりました。

1613年、各地の有力者が集まり、全国会議（ゼムスキー・ソボル）が開かれます。そこでリューリク朝の始まりから続く貴族であるロマノフ家のミハイルが、新しいツァーリに選ばれました。ここからロマノフ朝が始まります。

ミハイルは16歳と若く、一族や有力者に支えられてロシアを統治しました。本人は特別な業績を残しておらず、ロマノフ家も強い指導力を持っていたわけではありません。たまたまスウェーデンがドイツと宗教戦争（三十年戦争）に突入する前だったので、和平条約をもちかけてきたのです。また、ポーランドとも休戦し、捕虜となっていたミハイルの父が帰還しました。

こうして平和が訪れると、イギリスやオランダから商人や企業家が入ってきました。

彼らは鉄鋼を中心とした産業を興《おこ》したり、西ヨーロッパの物品の販売を始めたりします。ロシア人の大商人たちは、外国人商人に特権を与えることに反対します。

これに対し、ミハイル以降のツァーリは、ロシア人に穀物や岩塩《がんえん》の輸出の実務を任せました。商業の特別区がつくられたことで、商工業も順調に発展していきます。

ロシア正教会が独立！

さて、9世紀以来、東ローマ帝国のギリシア正教を受け入れたロシアには、キエフに総主教に次ぐ「府」主教座が置かれていました。経済発展が続くロシアでは、宗教に関する動きもありました。

キリスト教が国教になった10世紀以後、ロシア人は教会で神を讃えて感謝する儀式《ぎしき》を厳粛《げんしゅく》に行い続けます。

ロシア正教会の成立

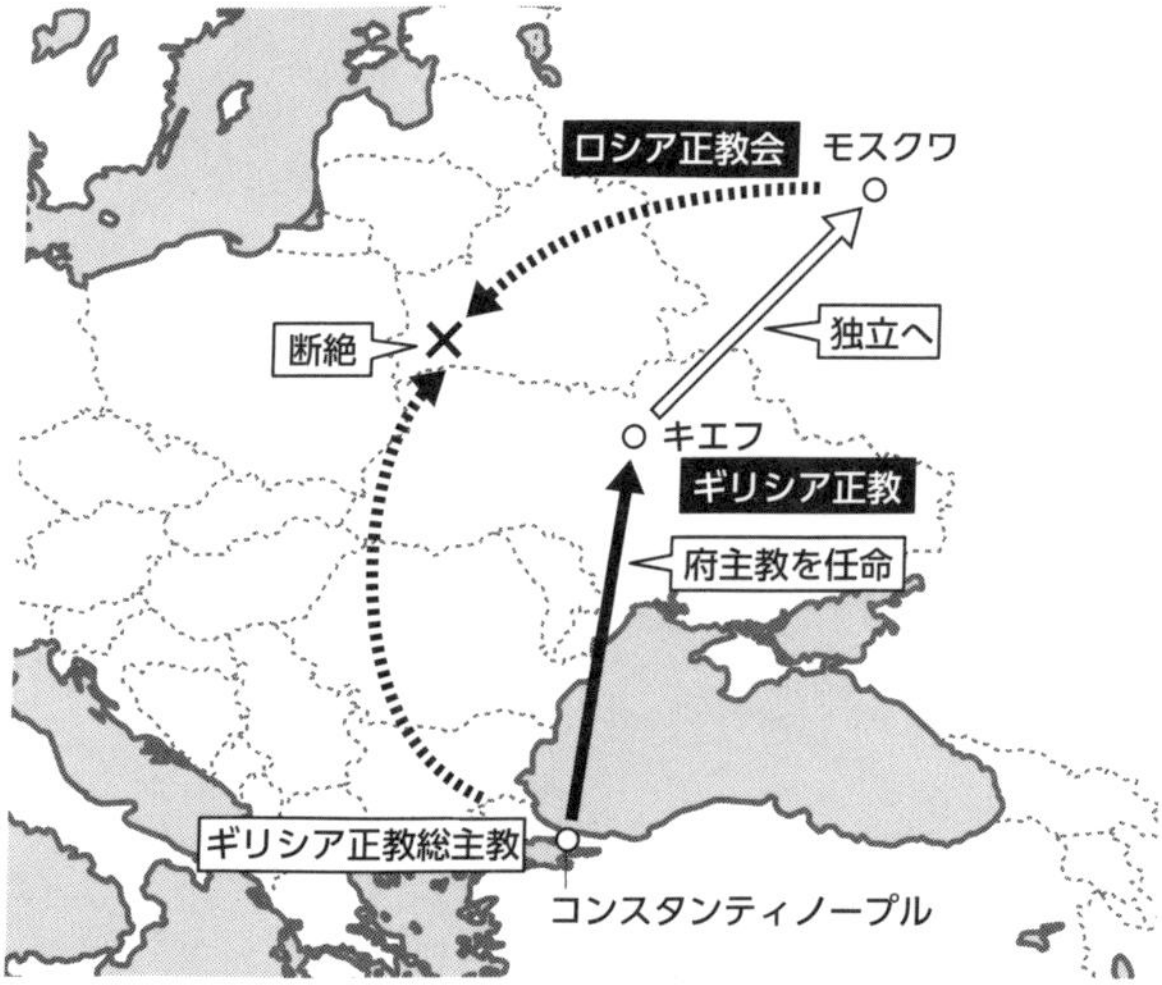

そして、キリストや聖母マリア、聖人たちの姿や行いを描く「イコン」を大切に扱《あつか》いました。

世間で起こっている争いごとを避け、静かな生活を望む人々たちは、森の奥に修道院《しゅうどういん》（教会）を建てます。

そこに新しい集落ができ、農民たちが集まってきました。こうして、ロシアの領土が広がっていきました。

ロシアにおけるキリスト教会の中心は、最初はキエフに置かれ、コンスタンティノープルの総主教が、地域をまとめる府主教を任命していました。

しかし13世紀以降、政治の中心が北部に移ると、モスクワが中心になります。さらに

15世紀のなかばにオスマン帝国が東ローマ帝国を滅《ほろ》ぼしたことで、ロシアの教会はコンスタンティノープルの総主教から独立することになりました。

モスクワを中心とするロシアの教会は、ロシア正教会をつくります。この組織は、モスクワ大公国、さらにロマノフ朝の成長とともに認められ、ツァーリが教会の支配者となっていったのです。

農奴は、死ぬまで逃げられない

国の宗教が正式に定められ、信仰する庶民《しょみん》の暮らしが安定したかといえば、そうではありませんでした。

1645年、ミハイルが死去すると、その息子アレクセイがツァーリを継承します。ただし、ロマノフ家の力はまだ弱く、有力貴族で大富豪だったモロゾフ家が政治を取り仕切るようになりました。ところが、モロゾフ家が日々の食事に欠かせない塩に税をかけたため、モスクワの民衆たちが反発し、武器を持って立ち上がりました（塩一揆《しおいっき》）。

モロゾフ家があっけなく失脚《しっきゃく》した一方、反乱者も政府軍に攻撃《こうげき》されて捕虜《ほりょ》となり処刑《しょけい》されました。

こうした混乱が続き、ポーランド人などの侵入が止まらないことに不安を感じた貴族たちは、全国会議を開催して新しい法典「会議法典（ソボールノエ・ウロジェニエ）」をつくります。全部で１０００カ条近くもあり、教会や貴族たちだけが認められていた免税特権が廃止されました。税をまぬかれることで成長していた教会は、大きな打撃を受けました。

さらにこの法典では、農民の立場がはっきりと決められます。農民は領主（地主）へ税金を支払うよう義務づけられていました。払えなかった場合には、きびしい罰《ばつ》が与えられることになり、それを嫌《きら》って逃げ出す農民もたくさんいました。

領主は領主で、働き手がいなくなると困るため、逃げた農民を探しました。新しい法律で、逃げた農民は死ぬまで追われる立場となり、捕《つか》まると罰を受けるため、農民は領主から逃げられなくなったのです。

このように、移動の自由が認められず、生涯ずっと領主に支配される農民を農奴といいます。農奴が働き手となる社会システムが、農奴制です。

でも、コサックという道がある

きびしい罰が課せられても、やはり逃亡する農奴はいました。彼らはロシア南方のヴォルガ川やドン川、ドニエプル川の流域に住み着き、集団で生活します。この集団には、犯罪者や都市の貧民、没落した貴族などもまぎれこみ、政府にとってやっかいな勢力になっていきます。

こうした人々のことを、コサック（ロシア語でカザーク）といいます。コサックとは「自由な人」という意味で、税金を払いません。自分たちで動物を狩《か》ったり、魚をつかまえたり、木の実を集めたりして暮らしていました。のちに、農業を始める者も出てきます。

ロシア政府は無視できない存在となったコ

ステンカ・ラージンの反乱があった地域

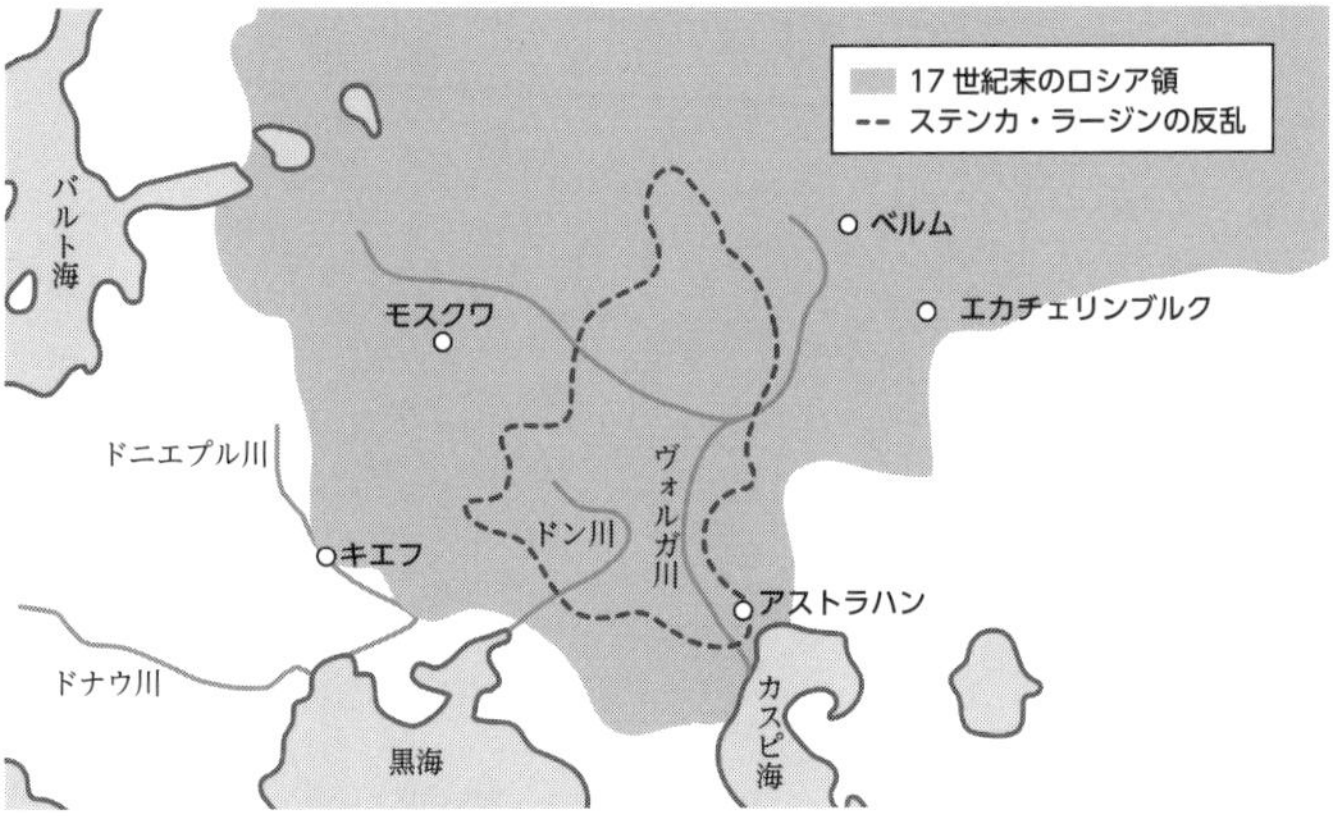

サックの反乱に目を光らせる一方で、遊牧民を警戒し、氷に覆《おお》われたシベリアへの遠征などに利用しました。コサックはカスピ海や黒海沿岸で略奪を行ってもおとがめなし、という立場になったのです。

ところが、コサックが増えると問題が起こります。昔からいるコサックたちには、遊牧民と戦うためという名目で政府から生活物資が与えられていましたが、新参者には与えられませんでした。

1667年、古いコサックのステンカ・ラージンが、新しく移住してきた者を率いてカスピ海周辺に遠征しました。多くの略奪品を持って帰ったラージンは新しいコサックに慕《した》われるようになり、昔からいるコサック集団と対立していきます。

さらにラージンは、1670年に新しいコサックを引き連れてヴォルガ川下流域に遠征しました。ますます参加者が増えたことを警戒した政府軍は、大軍を派遣してラージンを打ち破り、モスクワで処刑しました。しかし、領主の過酷な支配に反抗したラージンは、その後も長くコサックの間で語り伝えられます。

このあと、政府は暗に認めていた略奪などの特権をすべて取り上げ、ツァーリへの忠誠を誓《ちか》わせました。こうして、コサックは政府の支配下に置かれたのです。

東へ、東へ

ロシアは1654年からポーランドとの戦争に突入します。政府は財政難を解消するため、新しいルーブリ銅貨をつくります。ロシアでは14世紀ころからルーブリという貨幣が使われており、当時は銀貨でした。ロマノフ朝は税として銀貨を納《おさ》めさせて、軍事物資の支払いには銅貨を使いました。

当然、銀は価値が高いため、政府が大きな利益を得ます。からくりに気づいたモスクワの民衆は反乱を起こしますが、軍隊によって1日で簡単に鎮圧されました。ロマノフ朝を中心とするロシアは、ようやく国としてまとまっていきました。そして、シベリア方面にも領土が広がっていきます。

そもそもシベリアに手を伸《の》ばしはじめたのは、イワン4世の時代でした。1582年ころ、コサックの隊長エルマークと800名の兵士が、ウラル山脈の東にあったシビル・ハン国の都《みやこ》を陥落《かんらく》させました。これをきっかけにロシア人はさらに東へと進出していきます。

領土を広げる目的は、外敵を減らすことだけでなく、外国に輸出する岩塩や毛皮を得るためでもありました。とくにシベリアでとれるクロテンの毛皮は、ロシアに大きな利益をもたらしました。

16世紀当時のロシア軍は、近代的な銃器《じゅうき》などで武装していました。これに対し、シベリアにいた先住民は、原始時代から変わらない弓矢などの武器しか持っておらず、戦いらしい戦いもほとんどないまま、難《なん》なく領土を広げることができました。

また、現在の中国の満洲《まんしゅう》に興った清とは、1689年にネルチンスク条約を結びます。

ネルチンスク条約の国境線

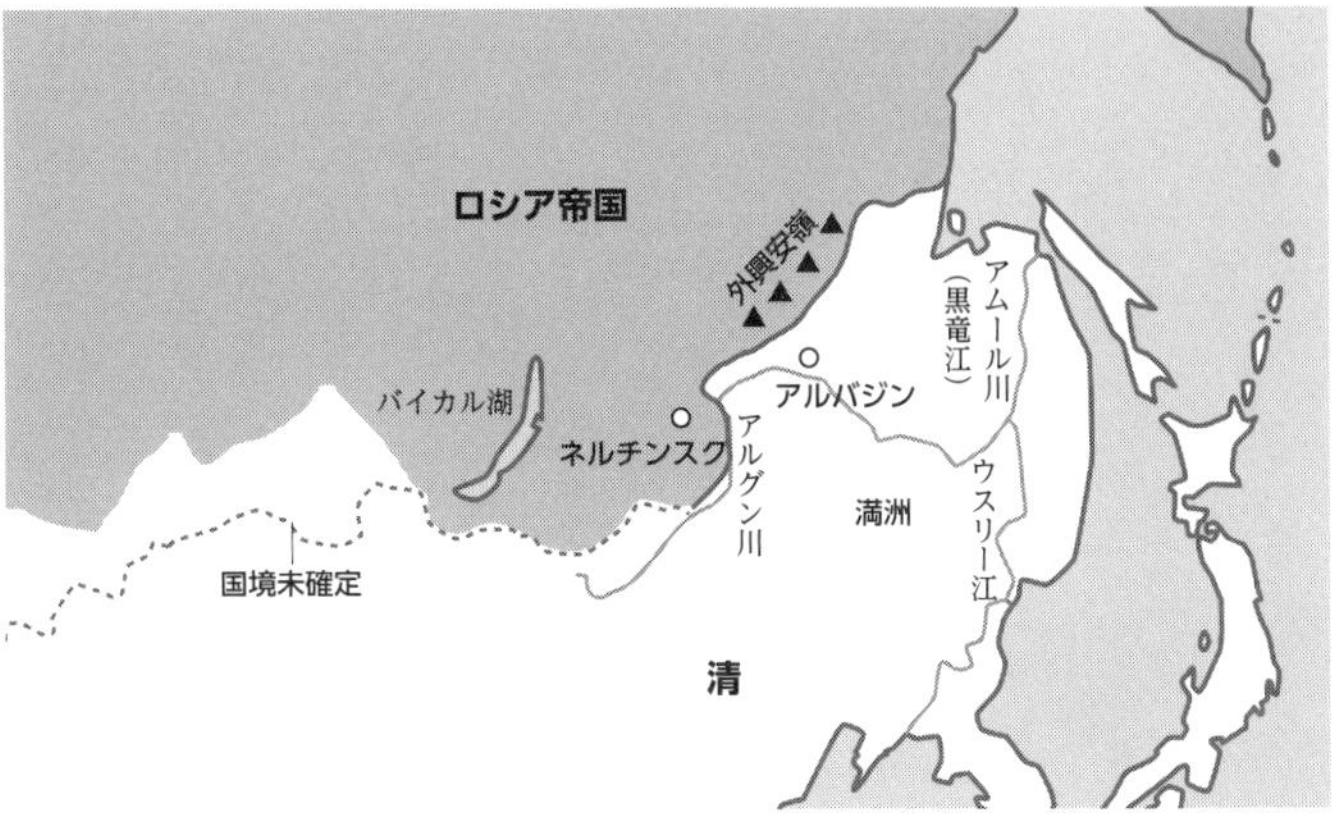

アムール川（黒竜江《こくりゅうこう》）の源流アルグン川と外興《そとこう》安嶺《あんれい》が両国の国境線になりました。

ウクライナは誰のもの？

東側の領土は、ほぼ確定しました。では、西側を見てみましょう。

当時のロシア西部を説明する際に欠かせないのは、ウクライナです。ロシア人やベラルーシ人と同じ東スラヴ系民族ではあるものの、ウクライナ人は言語や宗教が異なりました。

ウクライナ地域はかつてのキエフ・ルーシ時代の政治・経済の中心地でした。しかし、ロシアの中心がモスクワに移ってからはすたれてしまい、14世紀になると西のポーランド、北のリトアニアなどから軍事的な圧迫《あっぱく》を受けていました。

ポーランドとリトアニアは16世紀のなかばに連合王国となり、バルト海から黒海沿岸のオスマン帝国にせまるまでの広い領土を支配します。ウクライナも連合王国に組み込まれていました。

ウクライナの中心部には、ドニエプル川が流れています。14世紀ころから、この川の中流域にポーランドやリトアニアから逃げてきた農民が住み着き、コサックとなって生活していました。

17世紀に入ると、この地のコサックの指導者が、都市として低迷していたキエフの復活をめざして教会を再建し、キエフ神学校が設立されます。やがてキエフは、東ヨーロッパの国々とさかんに交流し、進んだ文化を取り入れていきました。

そのころ、日本では？

1667（寛文7）年、日本では播磨《はりま》赤穂《あこう》藩主《はんしゅ》の浅野《あさの》内匠頭《たくみのかみ》が誕生しています。浅野は、のちに江戸城本丸の大廊下《だいろうか》で殺傷事件を起こし、それが赤穂事件へとつながってきました。この事件は、『忠臣蔵《ちゅうしんぐら》』という作品として、いまも多くの日本人に親しまれています。

さらに17世紀の後半になると、ウクライナのコサックは、ロシアと結んでポーランドから独立をめざして立ち上がります。ところがロシアは、ポーランドとの共通の敵であるオスマン帝国と戦うため、ウクライナのコサックを裏切りました。ロシアとポーランドはドニエプル川の右岸をポーランド領、左岸をモスクワ領として分割する協定を結びます。この結果、ウクライナの半分はロシアの領土となりました。

無能な兄、優秀な弟

1682年、ツァーリだったフョードル3世が死去すると、15歳の弟イワンと9歳の異母弟ピョートルがツァーリ候補に選出されます。

イワンは病弱で無能、ピョートルは体も強くて頭の回転が速いという対照的な兄弟でした。最初、ピョートルがツァーリとなりますが、ふたりの姉であるソフィアがピョートルを嫌っていたため、彼女を支持する有力者の力を利用してイワンが第一のツァーリ、ピョートルが第二のツァーリとなります。

ピョートルはモスクワ近郊のプレオブラジェンスコエ村という離れた地方での生活を

強《し》いられました。

ピョートルは、仲間たちと軍事訓練のまねごとにはげみ、またドイツ人などとも交流していくうち、西ヨーロッパの文化に強いあこがれを抱きました。

1687年と1689年にイワンがクリミア遠征でオスマン帝国軍に敗れると、ピョートルへの期待が高まりました。ソフィアはピョートルの失脚をねらって軍を動かしますが、有力軍人たちがピョートル側についたため失敗しました。

こうしてピョートルは事実上のツァーリになり、政治を行った母親のナタリアが死んだあと、本格的に政治を始めます。

スウェーデンとの死闘

ピョートルは、まずオスマン帝国に奪われたアゾフ海の奪還《だっかん》をめざしました。ところが、ロシア軍は軍艦《ぐんかん》を持っておらず、苦戦します。ピョートルは軍艦を建造し、1696年にアゾフ海を取り戻します。

翌年、ピョートルは250名からなる大使節団を西ヨーロッパの諸国に派遣し、ロシアとの友好・協力を訴《うった》えかけました。ピョートル自身も身分を隠して同行し、当時先進国だったオランダとイギリスにそれぞれ4カ月ずつとどまっています。

工場や大学を見学したり、造船工場では工員として働いたりもしながら、ピョートルは軍事技術をはじめ多くのことを学びました。帰国してからは兵器工場や造船所を建設し、その原料を得るためにウラル地方で鉱山を開発しています。

ピョートルは、ロシアの発展のためにはバルト海や黒海・地中海へ出るルートが不可欠と考えていました。そして1700年、スウェーデンを相手に北方戦争を開始します。最初は不利でしたが、ピョートルは粘り強く戦い、1709年のポルタヴァの戦いで勝利しました。

一時オスマン帝国に逃れたスウェーデン王が1718年

そのころ、日本では?

ピョートル大帝の時代、ロシアと日本との交流の跡が残されています。大坂《おおさか》の商人、伝兵衛がカムチャツカに1697(元禄10)年ころに漂着《ひょうちゃく》して保護され、モスクワに連れてこられ、ピョートル2世に謁見《えつけん》し、首都に設立された日本語学校の初代教師になっています。

に急死しても、ピョートルはオスマン帝国より、バルト海方面に主力を向けました。そして1721年、ロシアはスウェーデンとニスタット条約を結んで北方戦争を終わらせ、ついにバルト海への進出を果たしたのです。

この戦争中、ピョートルはネヴァ川の河口に新都市サンクト・ペテルブルクを建設し、モスクワから首都機能を移しました。

また、専制体制を強化し、戦争の財源を確保するため、農民に重い税をかけました。農民が反乱を起こすたび、それを力でおさえることで、支配を強めていきます。

さらに、みずからに反対する貴族や宗教者には「ひげ税」をかけて、彼らを屈服させました。その後、ピョートルは1725年に探検家のベーリングを東へと派遣した直後、亡くなります。1728年、ベーリングはユーラシア大陸の東端とアラスカの間が海峡であることを発見し、そこはベーリング海峡と呼ばれるようになりました。ベーリング

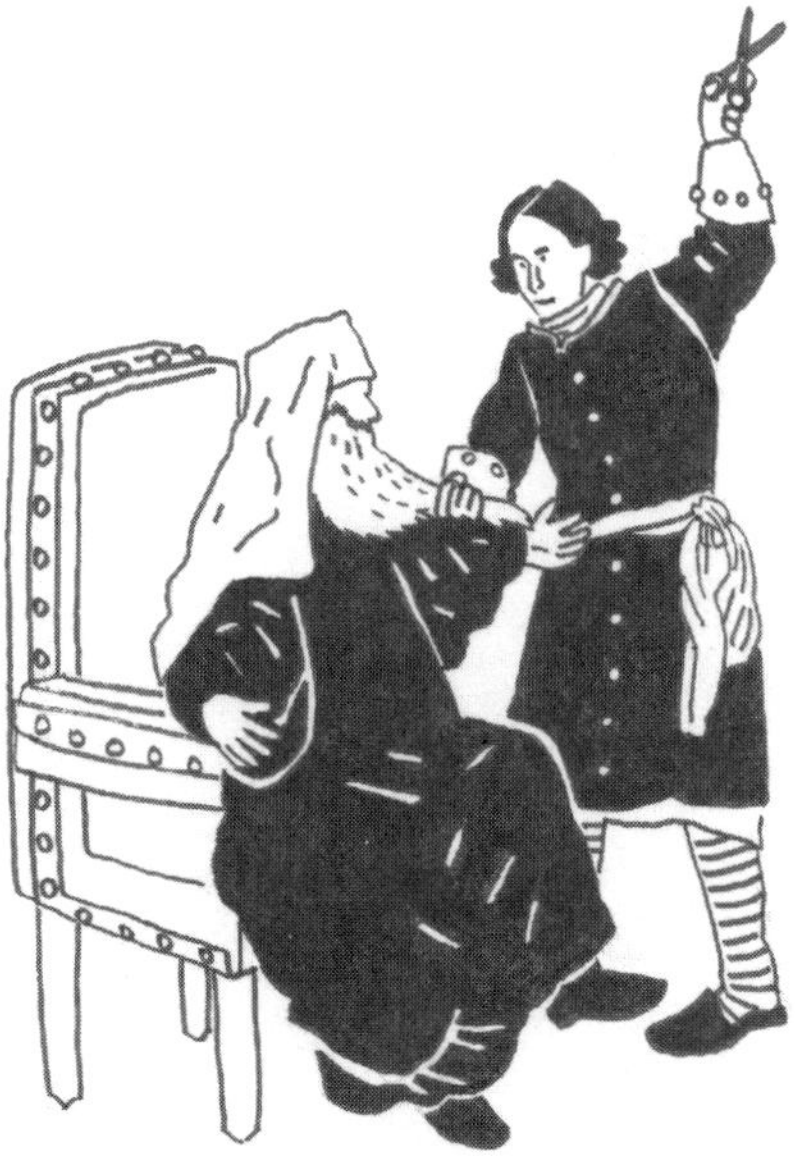

が次の航海で到達したアラスカは、のちにロシア領となります。

おもしろくない時代

ピョートル大帝は、1722年に「現在の皇帝が良いと思う人物を次の皇帝とする」という内容の帝位継承法を定めました。

ところが、言い出した本人がその3年後に後継者を指名せずに死んでしまいます。おまけに、その法典では女性のツァーリを排除していませんでした。そのせいで、次のツァーリの候補がふたり現れます。2番目の皇后《こうごう》エカチェリーナと、孫（名前はピョートル）です。

宮廷では、女性ツァーリを求める新貴族と、伝統的な男性ツァーリを支持する旧貴族が対立し、軍隊も口を出してきたことで混乱します。結果、エカチェリーナ1世が、ロシア史上初の女性皇帝となりました。

ただし、ツァーリとしての実績はさほどでもなく、2年あまりで病死。あとを継いだのは、旧貴族が推薦《すいせん》していた孫のピョートルです。しかし即位4年目に風邪《かぜ》がもとで急死しました。そのあとツァーリになったのは、ピョートル大帝の兄の娘アンナです。

ロシア人には有能な人材がおらず、ピョートル大帝が呼び寄せたドイツ人が政治・経済・軍事などで大きな力を発揮します。ロシア人にとってはおもしろくない時代でした。

アンナは、ツァーリとなって11年目に病死します。このあとツァーリになったアンナの姪の子イワンですが、即位してまもなく死去しました。

その次に即位したのは、ピョートル大帝とエカチェリーナ1世の間に生まれたエリザベータです。エリザベータは、1755年にロシアで最初の国立大学となるモスクワ帝国大学をつくりました。彼女はオーストリアやフランスと同盟を結び、プロイセンと戦います。

ところが、エリザベータの死後、あとを継いだピョートル3世はプロイセンのフリードリヒ2世を尊敬しており、プロイセンとの戦争をやめました。

夫を追放してツァーリに

1762年、プロイセンと同盟を結んでともに戦ったピョートル3世は、貴族や軍に嫌われて追放され、その直後に暗殺されました。あとを継いだのは、妻のエカチェリーナ2世です。

プロイセン出身にもかかわらずエカチェリーナがロシアでツァーリになれたのは、夫とは対照的にロシア語を学び、ロシア正教に改宗するなどロシア人になろうと努力したからでした。それを好意的に見ていた貴族たちに支持されたのです。

一方で、農奴に対しては、きびしい態度でのぞみました。じつは解放することも考えていたようですが、人口の大多数をしめる農民に職業の自由を認めると、税収が減ることも考えられます。

結局、エカチェリーナは農奴が領主の不正をツァーリに訴える権利を停止したり、農民への締めつけをより強めたりしました。

不満を募《つの》らせたウラル地方

ロマノフ朝の家系図

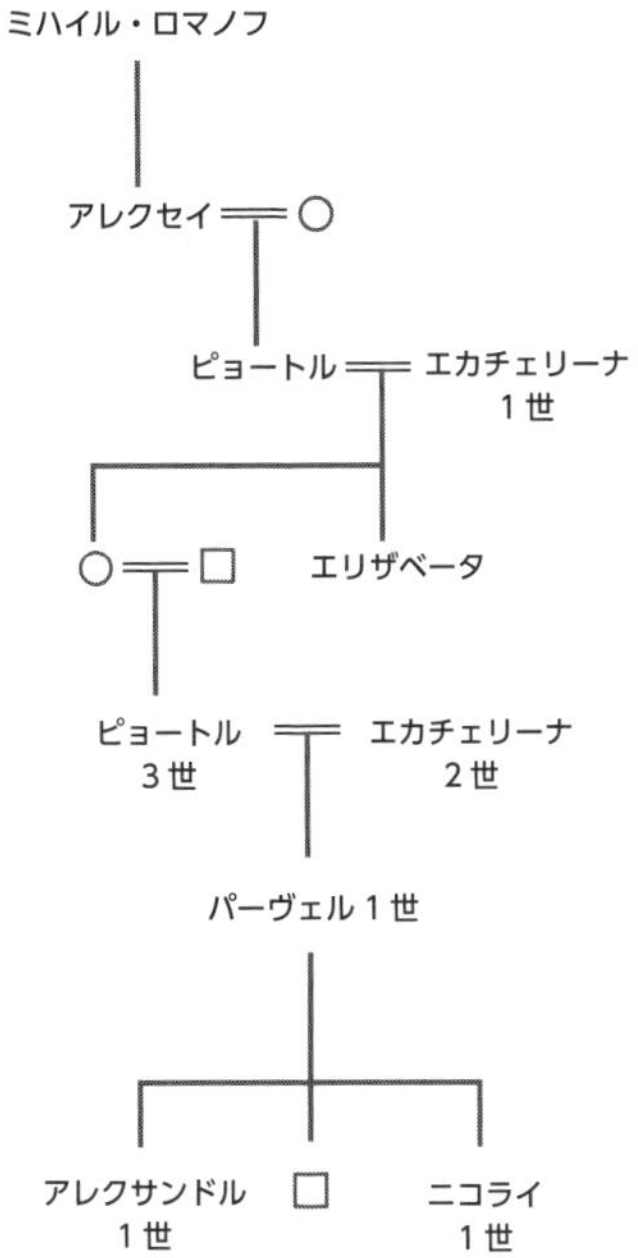

のコサックであるプガチョフは、1773年からツァーリの不正を農民に説いてまわりました。農民だけでなく工場の労働者や少数民族も、彼のもとに集まってついに反乱を起こします。みずからツァーリを名乗るなど勢いを増す反乱軍に対し、エカチェリーナは大軍を差し向けて鎮圧しました。

プガチョフが処刑され、反乱がおさまったあともプガチョフの考えに同調する勢力が各地に現れ、エカチェリーナは彼らの動きをつねに見ておく必要が生《しょう》じました。

ポーランドは私のモノ！

エカチェリーナ2世の時代、ロシアは2方面で領土を広げました。

ひとつは、ポーランドです。1763年、ポーランド国王が死去すると、エカチェリーナはかわいがっていたスタニスワフ・アウグストを新国王として認めます。ところが、スタニスワフ・アウグストが勝手に軍事・財政・教育などの改革を進めました。

この結果、ポーランドに反ロシア的な感情が広まるのをおそれたエカチェリーナは、国王の改革に反対する貴族たちの連盟をつくらせ、国王への忠誠の拒否権などを回復さ立ってパリに入城し、ヨーロッパの解放者と称されました。

さらにアレクサンドルは、ナポレオンを退位させ、エルバ島へ流します。

1814年から始まったヨーロッパの新しい秩序《ちつじょ》を話し合うウィーン会議では、キリスト教の博愛の精神でヨーロッパの平和を実現させるため、神聖同盟を結ぶことを提案しました。

ウィーン会議で多くの国の王侯・貴族と交流したアレクサンドルは、考え方を変えます。庶民《しょみん》が自由を叫《さけ》んで革命が起こり、その結果ナポレオンが登場したことをふまえ、自由を抑える方向をめざしました。

ウィーン会議では、フランス革命を認めない「正統主義」が基本原理となりました。

ひみつコラム

国旗、国章、国歌の変遷

ロシア帝国からソ連邦を経て、ロシア連邦へ

ロシアの旗は、上から白・青・赤の横３色。それぞれの色がなにを象徴するのか、じつは、公式の解釈はありません。国民の間にはさまざまな説があふれています。もっとも人気なのは、白は高貴《こうき》さと開放性、青は誠実さと純潔《じゅんけつ》、赤は勇気と寛大《かんだい》さと愛を象徴するというもの。ほか18世紀初めのロシアの３つの領域を色で表しているという説、オランダから旗の色を借用《しゃくよう》したという説もあります。

その後、黒・黄・白の３色が使用された時期もありました。またソ連政権のシンボルのひとつである赤旗に変更された際には、白青赤の三色旗は政権への民主的抵抗を表します。１９９１年にソ連が崩壊すると、三色旗がついにロシア国旗となったのです。

国章も変化しています。双頭《そうとう》の鷲《わし》の周囲に数々の領土の紋章《もんしょう》を配したロシア帝国の国章や農民と労働者の団結を現したソ連邦の国章がありました。そしてロシア連邦の国章

chapter 4

19世紀のロシア

立ち上がった若者たち

ナポレオン戦争に参加したロシアの若い貴族たちは、西欧《せいおう》社会の自由な空気に触れ、また進んだ政治・経済システムを見聞きしました。すると、ツァーリの権力が大きい政治体制に反発する者が出てきます。

彼らは1816年、政治的結社の「救済同盟《きゅうさいどうめい》」をつくりました。同じ戦場で戦った農民たちの悲惨《ひさん》な生活ぶりを知り、遅れているロシアの救済をめざして立ち上がります。救済同盟に賛同するメンバーは増え続け、名称は「福祉同盟《ふくしどうめい》」と改められました。

ただし、農奴制の廃止と現体制の打破という目標は一致しても、その先の政治体制や、武装蜂起《ぶそうほうき》するかどうかという手段、するならいつかなどの時期などで、意見はバラバラでした。政府のスパイがいるという情報もあり、結局まとまりませんでした。

そんななか、1825年にアレクサンドル1世が死去します。弟のニコライにツァーリを継承させることを伝えていなかったため、政治がストップしました。

このタイミングで、革命を叫ぶ若者たちが決起します。ところが、指揮系統がはっきりしないことから手《て》ちがいが連続し、集まった兵士はただ立ちつくすばかり。組織を立て直したツァーリの軍隊によって、あっさり鎮圧されました。

のちに彼らは、決起した12月（デカーブリ）にちなみ、デカブリスト（十二月党員）と呼ばれます。デカブリストは5名が絞首刑《こうしゅけい》、約120名がシベリアに追放されました。

すべて自分の手で

即位してまもなく、デカブリストの反乱をしずめたニコライ1世は、アレクサンドル1世の20歳年下の弟でした。

ニコライは祖父ピョートル3世に似て、荒《あら》っぽい人物だったといわれます。革命思想をおさえつけ、みずからの専制体制を維持することを第一に考えていました。

ニコライはデカブリストの尋問《じんもん》に立ち会って、政治改革の必要があることは理解しており、また農奴の立場を向上させるために努力しています。ただしみずからが行った改革は貴族の抵抗もあって、うまくいきませんでした。

やがてニコライは、無条件で従う貴族たちを官僚に取り立て、自由を求める者たちをきびしく取り締まります。教育現場にも介入《かいにゅう》し、ナショナリズムやギリシア正教の「体制に歯向《はむ》かわない従順《じゅうじゅん》な精神」を学ばせました。

その一方で、ロシア経済は発展期を迎えました。綿織物の製造や砂糖の生産において効率が重視され、分業によって生産する方式が増えていきました。穀物の生産量が増え、外国への輸出もさかんになっていきます。道路網は整備され、河川をつなぐ運河も建設されました。1837年、サンクト・ペテルブルクとその近郊ツァールスコエ・セロー(皇帝の町という意味)の間に約23キロの鉄道が完成します。

また、貿易に力を入れて経済をさらに発展させようとしました。そのためには、地中

ダーダネルス・ボスポラス海峡

海方面に物流拠点を確保する必要があります。そうなると、オスマン帝国が邪魔になります。

管理権をよこせ！

ウィーン体制ができて以後、ヨーロッパでは大国間の戦争が避けられてきました。しかしニコライ1世は、カスピ海と黒海の間のコーカサス地方に進出し、領土を広げていきました。

また、支配下にあったポーランドで反ロシアの動きが起こると、ニコライは軍を使っておさえつけます。そして1832年、ポーランド立憲王国の政体を廃止してロシア帝国が直接統治することにしました。

その前年、エジプトが「ギリシア独立戦争でオスマン帝国を支援したにもかかわらず、何も見返りがなかった」としてシリア（現在のシリアを含む、レバノン、ヨルダン、イスラエルなどの中東地域）を要求し、オスマン帝国と開戦します。これにもロシアは黒海周辺での利権を得ようと首をつっこみました。

1833年にオスマン帝国とウンキャル・スケレッシ条約を結び、ロシアはオスマン帝国からダーダネルス海峡とボスポラス海峡の独占航行権を手にしました。ただし、エジプトがふたたびオスマン帝国と戦ったあとのロンドン会議（1840年）で、諸国の反対もあってこの条約は破棄《はき》されます。

ともあれ、ニコライはオスマン帝国を少しずつ弱らせていきました。

さらにキリスト教の複雑な問題もからみ、ロシアはイギリスやフランスとも対立していきます。

1852年、フランス皇帝となったナポレオン3世は、それまでオスマン帝国がギリシア正教徒に与えていたイェルサレムの管理権を、カトリック教会へ移譲《いじょう》させます。イェルサレムはキリスト教の聖地で、その管理権を持つことは、その地域での自由な宗教活動が保証されることを意味しました。

これに対し、ニコライ1世はギリシア正教を代表する立場から管理権を要求します。オスマン帝国はフランスとイギリスの支援を頼りに、ロシアからの同盟の申し込みを拒否しました。またイギリスは、ロシアがバルカン半島に南下することで、植民地であるインドへのルートに障害ができるのを避けたいと考えていました。

それぞれの思惑《おもわく》が交錯《こうさく》し、ついに戦争が起こってしまいます。

敗北、それでも南へ

フランス・イギリス・オスマン帝国とロシアが激しく戦ったクリミア戦争は、1853年のロシアの動きをきっかけに始まります。ロシア軍はモルダヴィア・ワラキア（現在のモルドヴァ共和国とルーマニア）に侵入し、海上では黒海艦隊がオスマン艦隊を破りました。

翌年、フランス・イギリスの艦隊が黒海に派遣されると、中立の立場にあったオーストリアやプロイセンがロシア軍に撤退《てったい》を求めました。ロシアは友好関係にあったオーストリアからの要求もあり、しぶしぶ応じました。

その後も各地で戦闘が行われ、とくにクリミア半島にあったロシアのセヴァストポリ要塞《ようさい》をめぐる攻防戦が中心となりました。この地は黒海艦隊の拠点だったため、ロシア軍は死守する必要があったのです。この戦争で、ロシア軍は35万人以上ともいわれる死者を出しました。

攻めるイギリス・フランス軍にも犠牲者《ぎせいしゃ》が増えたことから、オーストリアのよびかけで講和交渉が始まり、1856年にパリで条約が結ばれました。

この条約で、ロシアはセヴァストポリ要塞を確保しましたものの、黒海艦隊を保有できなくなりました。ダーダネルスとボスポラスの海峡は、オスマン帝国以外のあらゆる国の軍艦の航行が禁止されました。さらに、オスマン帝国内のキリスト教会はイギリスやフランス、ロシアなどが共同で管理することになったのです。

そのころ、日本では？

クリミア戦争の始まる少し前の1853（嘉永6）年8月、海軍中将《ちゆうじよう》で遣日全権大使《けんにちぜんけんたいし》のプチャーチンは、長崎で交渉を行います。そして1854（または1855）年に改めて下田《しもだ》を訪れ、日露和親条約を結びました。この条約で、国後《くなしり》や択捉《えとろふ》など北方四島は、日本領とすることが確認されています。

クリミア戦争でロシアが敗れた原因は、武器や作戦を含めて軍事技術が劣っていたからとされます。成長していたとはいえ、ロシア経済は当時の先進国であるイギリスやフランスより下でした。

なお、戦争が後半にさしかかった1855年、ニコライ1世が急死します。即位したアレクサンドル2世は黒海方面をいったんあきらめ、ロシアの再建に取り組みました。

農奴を解放してやろうか？

ロシア再建のカギは、近代化でした。アレクサンドル2世は、工場で働く労働者の確保のため、農奴を解放しようと考えたのです。

ツァーリが農奴を解放するのでは、という噂《うわさ》が広まると、貴族（領主）たちは不信感を持つようになりました。実際、アレクサンドルは、貴族たちの動揺《どうよう》を抑えるため農奴解放を否定しますが、農民の苦しい立場も理解していました。

ただ、解放するとしたら農民の要求に応じる形ではなく、ツァーリの指導で行われるべきであると考えていました。

1858年、アレクサンドルは解放に反対する貴族の多い地域をめぐり、彼らを説得していきました。そして1861年、長い話し合いのすえ、ついに農奴解放令が発表されました。

農奴解放令によって農民は土地をはなれ、出稼《でかせ》ぎ労働者として、工場で働くことができるようになりました。イギリスの産業革命からは100年も遅れましたが、ようやくロシアもその条件が整ったといえます。

日本で幕末《ばくまつ》の騒動が起こっていた1867年、アメリカがアラスカを買収したいと話をもちかけてきました。アレクサンドル2世は720万USドルであっさりと手放します。アラスカ売却の理由は、防衛する戦力が十分でなかったからとされます。当時のロシアは、辺境《へんきょう》のアラスカまで手が回りませんでした。

なお、売却後にアラスカで金鉱が発見され、アメリカが莫大《ばくだい》な利益を手にします。

VSオスマン帝国

1870年代になって経済が発展していくと、アレクサンドル2世は、バルカン半島にも積極的に領土を広げようとしました。

1875年、オスマン帝国の支配下だったボスニア・ヘルツェゴビナで、スラヴ系民族が反乱を起こします。ロシアからは義勇兵《ぎゆうへい》が参加し、反乱軍を助けました。

しかしオスマン帝国軍の出動により敗北、翌年になってブルガリアもオスマン帝国に対して反乱を起こすと、ロシアとオスマン帝国の緊張は高まりました。

そして1877年、ついに露土《ろと》戦争が始まりました。アレクサンドル2世は、国内的には「同じキリスト教の信者を助ける」という口実《こうじつ》をもとに国民の支持を得ました。実際は、国内政治に対する不満を外に向けるためであり、バルカン方面への領土拡大をめざした戦争でした。

ロシア軍は苦戦しながらも勝利し、1878年にオスマン帝国と条約を結びます。こうして、セルビア、モンテネ

そのころ、日本では？

1877（明治10）年、日本では西南《せいなん》戦争が勃発しています。九州を舞台に士族たちが西郷隆盛《さいごうたかもり》を盟主として起こしたこの反乱は、明治政府軍と反乱軍双方に多数の死傷者を出す激戦となりました。結局、7カ月ほどで政府軍によって鎮圧されました。

ロシアとトルコの関係図

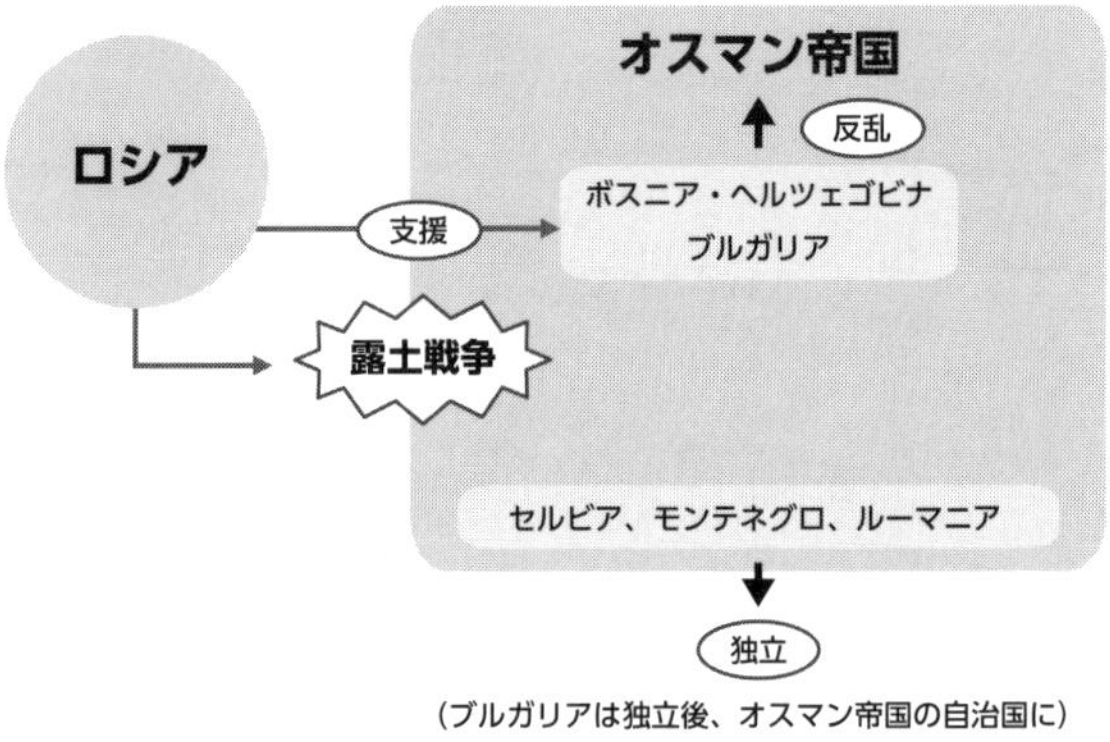

グロ、ルーマニアがオスマン帝国から独立しました。また、ロシア軍はブルガリアに2年間とどまることを認められました。

「ロシアが南へ領土を拡大しようとしている」として、イギリスとオーストリアが抗議すると、ドイツの主催によりベルリンで会議が開かれます。結局、領土を縮小されたブルガリアはオスマン帝国内の自治《じち》国になりました。

中央アジアも領土に

さて、19世紀のロシアの大きな流れを紹介しました。ここから、ふれられなかった中央アジアでの動きを見ておきます。

中央アジアというのは、正しい地理用語ではありません。本書ではひとまずカスピ海からモンゴル高原の間とします。この地域にはトルコ系民族が多いためトルキスタン（トルコ人の土地）ともいわれます。

中央アジアにロシアが進出したのは、18世紀です。そのおもな理由は東から入ってくる遊牧民族を防ぐためでした。これに対し1773年、中央アジアの西部（現在のカザフスタン）が、コサックのプガチョフによる大きな反乱に巻き込まれました。しかし、エカチェリーナ2世が政府軍を送ってしずめました。

その後も反乱が続きますが、19世紀なかばにカザフスタンはロシアの領土となりました。ロシアはカザフスタンの南方にあった国々も併合し、広大な領土を手に入れます。

その後、中央アジアでは綿花の生産がさかんになり、綿織物工業の成長を支えました。

ひみつコラム

ロシアの文学史と文豪

社会とともに変わる文学性

19世紀初頭にナポレオン戦争が終結したあと、ロシアの青年貴族は、西ヨーロッパの自由主義思想を学びながらも、その本質を十分に理解できていませんでした。ツァーリ専制体制と農奴制による農民たちの犠牲の上に、自分たちが貴族としての特権を持って生きていることを、どのようにとらえていいかわからず、悶々《もんもん》としていました。

このような貴族知識人を「余計者」といい、彼らの生活を描くのが流行になっていました。トゥルゲーネフの『父と子』はその代表作です。ニヒリストといわれるほど合理的な息子と、古い考え方をする父親との間の葛藤の物語でした。

19世紀の後半になると、日本でもよく知られるドストエフスキーが登場します。彼は、近代化や合理主義へ批判的立場を強めていきます。ドストエフスキー自身が「余計者」と貴族から批判されてきた知識人にあたり、余計者を批判しながら、余計者を批判

トゥルゲーネフ

ドストエフスキー

ショーロホフ

した貴族も厳しく批判します。

さらに、知識人の科学偏重の傾向も批判するという複雑な立場で創作に励みました。『罪と罰』『カラマゾフの兄弟』『悪霊』などの作品には、ロシア人の精神活動の深さ・複雑さが集約されています。

20世紀になり、革命によってロシア社会主義体制が成立します。社会主義者として生まれ故郷のドン地方で活動した作家がショーロホフです。

ショーロホフが地方のコサックたちの姿を描いた『静かなるドン』は、多くの支持を受けスターリン賞を受けました。トルストイの精神を継承する作家として、今日まで多くの支持者を集めています。

知れば知るほどおもしろいロシアの偉人❹

ロシアに生きる人々を書いた文豪

トルストイ

Lev Nikolayevich Tolstoy

（1828 ～ 1910）

合理性・人道・調和を求めた非暴力主義者

『戦争と平和』、『アンナ・カレーニナ』など数々の名作を生み出したロシアを代表する小説家です。

名門に生まれ、教育・教養を十分に与えられる一方で、感受性豊かで多くの不安を抱える人生を歩むこととなりました。大学を中退して農地経営に没頭《ぼっとう》しながら小説を書き、文壇《ぶんだん》にも認められていきます。しかし農地経営がうまくいかなくなり、軍人となります。クリミア戦争に従軍した記録を発表し、ふたたび注目されました。

その後、結婚をしますが、精神的には安定しませんでした。1882年『懺悔《ざんげ》』以降、道徳家的な面を強め、なかでも日露戦争批判は世界的に反響を呼びました。日本の社会主義者たちにも多大な感銘《かんめい》を与えます。

後年、家族と対立すると1910年に家出し、地方の駅で肺炎により亡くなりました。その駅は現在はレフ・トルストイ駅と呼ばれています。

chapter 5

帝国主義と大戦

日本人に斬られた！

1875年、ロシアは日本と千島《ちしま》・樺太《からふと》交換条約を結び、たがいの領土を決めました。ところが、その翌年から両国の関係はあやしくなっていきます。富国強兵を進める日本は、大陸進出をめざしており、朝鮮と修好条約を結んで開国させました。同じころ、ロシアも極東方面（朝鮮）への進出をねらっていたのです。

1891年5月、ロシア皇太子ニコライ（アレクサンドル3世の子）が前年から世界一周旅行に出かけていました。そのしめくくりに訪問したのが日本です。その後、シベリア鉄道の起工式に出席するため、ウラジオストクに向かう予定でした。

長崎、鹿児島、京都を訪問し、京都から琵琶湖《びわこ》への日帰り観光に出かけたニコライは、その帰路、滋賀県大津市《おおつ》（当時は滋賀郡大津町）で警備していた警官に切りつけられます。この事件を大津事件といいます。

犯人は、南下するロシアの日本への対応に不満を持っており、ひと太刀《たち》浴びせたかったと証言しています。日本の政界は騒然《そうぜん》としましたが、事件から16日後に無期懲役《ちょうえき》の判決となりました。ニコライの命に別条はなかったことから、ロシアは寛大な姿勢を見せて、国際的な重大事件にはなりませんでした。

しかし、この大津事件の3年後の1894年、日本は朝鮮をめぐって清と戦い、大方の予想を裏切り勝利しました。朝鮮半島を足がかりに、日本は本格的に大陸進出を始め、ロシアとの関係が悪化していきました。

この年、アレクサンドル3世の死によって、皇太子がニコライ2世として即位します。

経済発展の裏事情

大津事件が起こった1891年は、ロシア国内で別の大きな動きがありました。

この年、日本と同様に極東での利権をねらっていたイギリスは、清に東清《とうしん》鉄道（のちの南満洲鉄道）建設の調査を認めさせました。すでにロシアは、イランや中央アジアで口をはさむイギリスと対立しており、それまであまり乗り気でなかったシベリア鉄道の建設を本格的に開始します。

さらにこの年、ロシアはフランスと同盟（1894年に軍事同盟に）を結び、関係を

20世紀初頭のシベリア鉄道の路線図

強化しました。

この結果、フランスの投資家たちがロシアの鉄道をはじめとする産業に資本を提供します。一方、ドイツは貿易で高い関税をかけるようになったため、対立していきます。

ロシアの庶民にとって１８９１年は、非常に苦しい年でした。１８７０年代からアメリカ産の穀物がヨーロッパにもたらされ、ロシアの穀物の値段が下がり、農家の収入が下がっていました。そんななかで大凶作《だいきょうさく》となってしまい、40～50万人の餓死者を出します。

外国との軋轢《あつれき》が生まれ、庶民が危機を迎えたこの年、経済学者としても名が知られるようになっていたウィッテが大蔵《おおくら》大臣に就任。状況を打開するため、まず工業化を強力に推進しました。フランスから投入した資本、ドイツから輸入した機関車、そしてシベリア鉄道を使ってアジアへ進出するという壮大な計画が動きだしたのです。

19世紀末から20世紀初めにかけて、ウィッテの政策は実を結びはじめ、ロシア経済は順調に発展していきます。とくに石油は世界の産出量の半分以上を占めるまでになりました。ところが、経済発展しながらも労働者の置かれている環境は、低賃金で長時間労働という過酷なものでした。

あこがれの社会主義

経済成長の裏で、庶民の困窮《こんきゅう》が続いた19世紀後半のロシア社会に、ひとつの思想が入ってきました。ドイツ出身のカール・マルクスが提唱した、資本主義体制のもとで苦しんでいる労働者を救済するため、労働者のためになる経済や社会をつくろうとする社会主義思想です。

ロシアよりも先に産業革命で豊かになったイギリスやドイツなどで、労働者の暮らしが豊かにならないことから、マルクスが提唱しました。

ロシアでは、1870年代にナロードニキ（独自の平等な社会をめざす知識人）の学生たちが、社会主義を中心とする社会を理想として紹介します。ただし、当時のロシアは教育が十分に行きわたっておらず、庶民には理解できなかったようです。

やがて、革命勢力だったナロードニキの指導者のひとり、プレハーノフが、ロシアを出てスイスに亡命《ぼうめい》します。彼は、マルクスと同じドイツ人のフリードリヒ・エンゲルスが書いた『共産党宣言』を読み、マルクス主義に目覚めました。

プレハーノフは、亡命先から「ロシアでは、まず専制体制を倒してから、社会主義社会を建設すべき」と説きました。

このプレハーノフを通じてマルクス主義を学んだ人々は、ロシア各地にサークルをつくり、研究をしました。そして1898年、このサークルを中心としたロシア社会民主労働党が結成されます。当初のメンバーは9名で、綱領《こうりょう》や規約《きやく》などもありませんでした。

しかし、キエフの北西にあるミンスク（現在のベラルーシの首都）で開かれた大会は9名だけの秘密会議だったにもかかわらず直後に弾圧され、全国の同志500名あまりが政府に命じられた警察によって逮捕《たいほ》されます。党大会そのものは、名前と規約を決定しただけの集まりでした。

一方、ナロードニキの流れをくむ人々は、ロシア社会民主労働党とは別に社会革命党（エスエル）を結成しました。この組織は農民を啓蒙《けいもう》することを目的としていましたが、実際の行動はテロばかり。党を運営するためのルールなどは、存在しませんでした。

レーニンという男

分裂状態にあったロシア社会民主労働党に、ウラジーミル・レーニンという人物が登場します。

レーニンは17歳のとき兄が皇帝暗殺計画の主犯として処刑されました。学生運動に加わって退学処分を受け、このとき読んだチェルヌイシェフスキーの『何をなすべきか』に感動し、革命家になることを決意したとされます。その後、法律事務所で働きながらマルクス主義のサークルに参加しました。

1895年に革命勢力「労働者階級解放闘争同盟」の非合法な機関誌発行に関わった

として逮捕され、シベリアに流されます。そこで『ロシアにおける資本主義の発展』を書きました。

1903年、ベルギーのブリュッセルでロシア社会民主労働党の第2回大会が開かれます。26グループの57名の代表が集まり、21日間かけてさまざまな問題が話し合われました。

そもそも党の目的は、「最終的に社会主義社会を建設すること」でしたが、「当面は専制体制を打倒して民主共和国を実現すること」となりました。

ところが、職業的革命家だけが入れる党にしようとしたレーニンと、革命をめざす人々を広く集めて大きくしようとした幹部指導者

のユーリー・マルトフの意見が激しく対立します。

レーニンの意見を支持する人はボリシェヴィキ（多数派）、マルトフの意見を支持する人はメンシェヴィキ（少数派）と呼ばれました。両者の意見はまとまることなく最終的に分裂。のちにボリシェヴィキはロシア共産党と名前を変え、革命を訴えるようになっていきます。

まさかの敗戦

満洲をめぐる列強の対立構図は、1902年に日英同盟が結ばれたことで明確になりました。当時イギリスは南アフリカでの戦争で苦戦しており、中国にかまっている余裕がありませんでした。そのため日本と組んだのです。

この年、ロシアは清と「満洲から兵を退く」という協定を結びます。ただし、政府内には反対する勢力がいました。また、同盟国のフランスや、ロシアが極東に力をそそぐことで自国への圧力を弱めたいドイツは、ロシアを支援します。

1904年2月、仁川《インチョン》と旅順《りょじゅん》のロシア艦隊が日本軍に攻撃されました。ついに日露戦争が始まったのです。

ロシアの兵や物資は、シベリア鉄道で運ばれました。このためロシア軍は優勢でしたが、日本の反撃は激しく、翌年に旅順要塞が攻め落とされ、奉天《ほうてん》（現在の瀋陽《しんよう》）で主力が敗れます。日本海海戦でもわざわざバルト海のリバウ（現在のラトヴィアにある港）から呼び寄せたバルチック艦隊が、大敗してしまいました。

翌年、有利なうちに講和を実現したい日本がアメリカに仲介を依頼し、ポーツマス条約を結びました。ロシアは日本に対し、朝鮮半島での優越権、遼東《りょうとう》半島南部（旅順や大《だい》連《れん》など）の租借権《そしゃくけん》、東清鉄道南満洲支線の譲渡を承認します。さらに樺太の南部も割譲し、沿海州の漁業権なども認めました。

屈辱《くつじょく》的な講和条件を飲まされたニコライ2世はひどく落ち込み、ロシアの軍部にも強い不満が残りました。日本を敵視し、ロシアの勝利を信じていた大韓帝国皇帝（高宗《こうそう》）

第一次世界大戦前の各国関係図

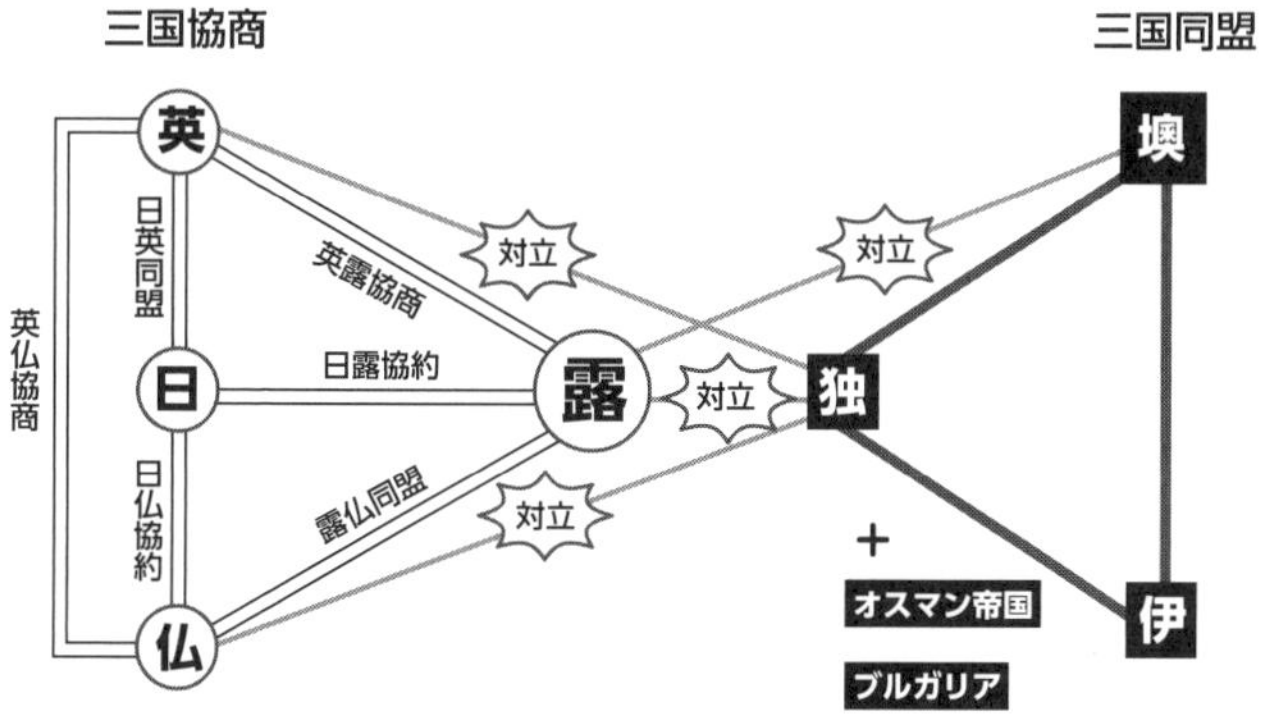

もショックを受けました。このあと、日本は1910年に韓国を併合します。

日本に敗れて極東進出をあきらめたロシアは、中央アジアやイランでイギリスと対立するのを避けるため、1907年に英露協商を結びます。その結果、ドイツ・オーストリア・イタリアの三国同盟に対抗する、イギリス・フランス・ロシアの三国協商ができあがります。

ソヴィエトの誕生

日露戦争の期間中、ロシアでは旗色の悪い知らせが伝わるにつれて労働運動が激しくなっていきました。重要な拠点だった旅順が陥落したころ、バクー（現在のアゼルバイジャンの首都）の石油産業労働者が大規模なストライキを起こしました。

サンクト・ペテルブルクをはじめ、全国の労働者がこれを支援して立ち上がります。ツァーリの専制体制に代わる新しい政治体制を求める声も出て、国内は混乱しました。

ペテルブルクの労働者を指導していたのは、ゲオルギー・ガポンという神父です。裕福な農家に生まれたガポンは、大学で神学を学んでいました。やがて労働者の権利を守るために大学を離れて、みずから組織をつくって活動します。この組織は反体制をうたうものではなく、会社と交渉をする組合で、多くの支持を集めていました。

しかし、組合員が解雇される事件をきっかけに、ガポンは政府に対する行動を始めます。

ガポンは、ロシア社会を変えるために嘆願書《たんがんしょ》をまとめます。そこには、普通選挙を行って議会を開いてほしいこと、人間の基本的な権利を守ってほしいことなどが記されていました。

そして1905年1月9日、ガポン以下、10万といわれる労働者がペテルブルクの宮《きゅう》殿《でん》に向かいます。約束の時間になってもツァーリが現れなかったため、不満を叫んだ参加者と警備兵が衝突《しょうとつ》しました。兵士の発砲によって、数百人の民衆が死傷する騒乱に発展したのです。これを「血の日曜日」事件といいます。

この事件以後、ストライキは全国に拡大し、庶民が神のようにあがめてきたツァーリに対する信仰がくずれます。それまでのロシアで起こった革命運動は、知識人に指導されてきました。ところが、民衆が主人公になって革命を叫ぶようになるのです。近代ロシア史における、大きな転換点となりました。

多くの都市でストライキを実行した委員会の連合体は「ソヴィエト」と呼ばれるようになります。ロシア語で「評議会」の意味です。とくに首都ペテルブルクのソヴィエトは、中心的な存在になりました。

激動の1905年

血の日曜日事件による衝撃は、ニコライ2世を中心とする政府も動かしました。おさまらないストライキに対応するため、1905年2月に「個人や団体からの提言を政府で話し合う」「国会を開くための議論に選ばれた人民を参加させる」という勅令《ちょくれい》が発布され、ようやく貴族や民衆は納得しました。

しかし、その年の5月にバルチック艦隊が敗れたとの知らせが入ると、ツァーリの権威は失われます。ポーランドでは独立を求める大規模な反乱が起こり、黒

海艦隊のポチョムキン号の兵士が反乱を起こす事態におちいりました。

日露戦争で敗れたことで、農民の動きがさらに激しくなると、政府は軍隊を派遣して弾圧しました。都市の労働者は、10月13日にペテルブルク労働者代表ソヴィエトを名乗り、その宣言を起草《きそう》したトロツキーが存在感を強めました。

ニコライ2世は、ポーツマスでの講和会議から帰国したウィッテの進言を受け入れ、10月17日に詔書《しょうしょ》（ツァーリの思いを明らかにした書面）を発表しました。この十月詔書には、人身の不可侵、良心・言論・集会・結社の自由を認める、選挙法を改め国会（ドゥーマ）を開設することが明らかにされました。

10月18日、首相になったウィッテは、団体を結成することを合法化し、ストライキに参加した者に対する刑事罰を廃止し、言論・集会・結社の自由を認めます。大半の市民や資本家がこれを支持した結果、大規模な革命運動は終息していきました。

この年の12月、モスクワの労働者は工場や街路にバリケードを築き、労働条件の改善などを訴えます。しかし、軍隊に攻撃され、死傷者や逮捕者が多数出ました。

年始の「血の日曜日」事件から日露戦争の敗北、そして年末のソヴィエトの蜂起失敗まで、激動の1905年は終わりました。

その年、学者など知識人を中心とする、「市民の代表が中心になる政治をめざしつつも、ツァーリの役割を定めた憲法のもとでの議会政治をめざす人々」が立憲民主党（カデット）を結成します。一方で、都市の富裕層や地主など「十月詔書に示されている政治原則で国家を運営・維持していくことをめざす人々」は10月17日同盟（オクチャブリスト）を結成しました。

話し合われずできた憲法？

1906年2～3月、ロシアで最初の国会（ドゥーマ）議員選挙が行われました。しかし、労働者たちが議会に来ることを嫌っていたツァーリは選挙法を労働者に不利なようにし、土地所有者の1票が都市民の3票、農民の15票、労働者の45票と同等でカウントされるといわれる不平等なものでした。

農民票のほうが労働者票より価値があるとみなされたのは、農民が古い社会に愛着を感じ、急激な改革を望まないだろうと、ニコライ2世が考えたからとされます。

実際の選挙では、政府が口をはさみ、秘密無記名などの自由な選挙運動は行えませんでした。ボリシェヴィキは選挙をボイコットし、メンシェヴィキは最終的に拒否。社会革命党はボイコットしたうえにテロ活動で抵抗します。

選挙で勝利したのは、立憲民主党と、ナロードニキに関係した人々を中心にするトルドヴィキ（「勤労グループ」の意味）です。

国会で反政府的・自由主義的勢力が多数をしめたため、ツァーリとその側近は、開会前に制度改革を行いました。選挙で選ばれた議員からなるドゥーマを下院とし、19世紀以来ツァーリを助けてきた国家評議会を上院としたのです。

上院は、下院とツァーリが対立する場合の調整役とされました。国家評議会の議員のほとんどは、大地主である貴族でした。

そのころ、日本では？

日本で鉄道国有法が公布されたのは1906（明治39）年のことでした。これにより、従来の官設鉄道線に加えて大手私設鉄道が17社国有化され、「国有鉄道」が誕生します。この路線は戦前までは鉄道省が管轄《かんかつ》していたため、省線《しょうせん》とも呼ばれました。

1906年の4月、この状況下でロシア史上初の憲法が公布されました。国民は憲法制定会議の招集を求めていましたが、政府に拒否されて、ツァーリから国民に与える形の憲法が誕生します。

内容は政府が決めたもので、第1条は「ロシア国家は単一にして不可分」、第3条は「ロシア語が全国家語である」、第7条は「皇帝陛下は国家評議会（上院）とドゥーマ（国会、下院）と協力して立法権を行使する」などが規定されました。

形の上では選挙で選ばれた議員が政治に参加できる立憲君主制ですが、第4条で「ロシア皇帝に全権力が属し、それに対して、畏怖《いふ》の念だけでなく、衷心《ちゅうしん》より服従することが神の命じるところである」とあります。憲法のもとでも、相変わらずツァーリの専制体制が続くことは明らかでした。

ストルイピンのネクタイって何？

憲法制定とともに、国民の立場に近かったウィッテは、首相を辞任させられました。新しい首相はゴレムイキンで、そのもとで内務大臣になったストルイピンは、農民と土地に関する改革を始めます。

ストルイピンは、みずからの改革に反対する者を次々と処刑し、絞首刑の装置《そうち》が「ストルイピンのネクタイ」と呼ばれました。

4月27日の第1回ドゥーマは土地問題で意見がまとまらず、2カ月あまりで解散となります。

その選挙でストルイピンは首相に就任し、閉会中に出された農民の共同体離脱に関する勅令をもとに活動を開始します。1861年に農奴が解放されて以来、ずっと残されていたロシアの問題について、解決策が示されました。

ストルイピンの農民や土地に関する政策は、ナロードニキの運動や「血の日曜日」事件以降に盛り上がった、農民たちの地位を高めて自由を保障するという要求に応えるものではありませんでした。

改革の一番のポイントは、農民を自由にするという名目で、農奴解放令以降も農民を土地に縛《しば》りつけてきた、農村共同体（ミール）を解体することでした。

名ばかりのドゥーマ

1907年に開かれた第2回のドゥーマは、社会革命党や社会民主党の議員が増えて、ツァーリの専制体制に反発する改革勢力が多数派となりました。

そしてツァーリ政府は改革勢力が国家転覆《てんぷく》をもくろんでいるといった嘘《うそ》の情報を流します。さらに改革勢力の議員を逮捕するなど露骨なしめつけをしました。このため衝突がくり返され、ストルイピンは短期間で解散を決めます。ドゥーマとは名ばかりで、新たな法律は制定できませんでした。

そのころ、日本では？

1907（明治40）年には、日本とロシアの間で日露協約が結ばれています。これにより、日本はロシアの外モンゴルにおける権益を、ロシアは日本の朝鮮における権益を認めることになりました。しかし、1917（大正6）年にロシア革命が起こると、協約は破棄されます。

この年、第3回のドゥーマが開催されます。選挙法改正によりロシア社会民主労働党などに代わって、ツァーリの専制体制を支持するオクチャブリスト（10月17日同盟）が主導権を握り、ストルイピン首相のもと、土地と農民に関する改革が実現しました。ただし、都市労働者の待遇の改善や、地方行政に関する改革案は国家評議会とドゥーマで立場のちがいから意見がまとまりませんでした。ストルイピンはドゥーマを休会し、その間にツァーリの勅令として法律を公布します。しかし、法律を強引に成立させたことで恨みを買ったストルイピンは1911年に暗殺されました。結局、第3回ドゥーマは閉会、解散しました。

第4回（1912～1917年）ドゥーマでは、選挙で保守・穏健《おんけん》派議員が増えたものの、ロシア社会民主労働党も前回と同じ14議席を獲得します。このドゥーマでは保守から革新までの勢力間で意見がまとまらず、新しい政治的方針が出ず終わりました。

1912年、ロマノフ朝は300周年を迎えようとしていました。しかし、ニコライ2世の指導力はすでになく、皇太子の病気を治して皇后の信頼を得た祈禱僧《きとうそう》のラスプーチンが政治に口を出すようになりました。ロシア政治は、混迷を深めていました。

ひみつコラム

表現力豊かなスポーツ大国

フィギュアスケートへの国家的サポート体制

氷上のスポーツに強いロシアでは、アイスホッケーやフィギュアスケートが人気です。新体操も強豪で、バレエダンス大国でもあります。ほかにも、サッカー、バイアスロン、バレーボール、バスケットボールなども人気のあるスポーツです。

ロシア革命前に、ロシアにおけるスポーツは大きく発展します。サイクリング、ボート、テニス、スキー、陸上競技、サッカーなどの全国的な組織が形成されていきました。

ロシア革命後には「GTOコンプレックス」という一種の運動能力検定制度ができて、スポーツが大衆化し、プロ向けのシステムも整備されていきました。

第二次世界大戦後には、スポーツ関連の施策を次々と断行し、世界制覇への道を走りはじめます。そしてオリンピックのメダルレースでも成果をおさめるようになりました。

なかでもフィギュアスケートでは世界的に活躍する10代の選手が何人も誕生していま

アリーナ・ザギトワ

エフゲニー・プルシェンコ

す。その理由は、練習環境、生活環境、コーチング、サポート組織の充実だと考えられています。
フィギュアの専用練習施設には、学校だけでなくトレーニング設備やダンス用スタジオや医療設備まであり、選手の育成に必要なものがそろっているため、練習に専念できるそうです。
また、オリンピックでのメダル受賞をめざし、国家的に、海外に流出していたコーチを呼び戻すなどに力を入れてきました。
ひと組のペアにさまざまな分野のスペシャリストがついて育てます。きびしい環境だからこそ、スターはたったひとりではなく、何人もの世界王者が生まれるのです。

知れば知るほどおもしろいロシアの偉人⑤

日本軍の包囲に抵抗した司令官

ステッセリ

Anatolii Mikhailovich Stoessel

（1848～1915）

日露戦争での乃木大将との会見が唱歌にもなる

日露戦争にて日本軍の包囲に対抗した将軍で、日本では「ステッセル」という読み方が一般的です。

1903年に旅順要塞守備隊の司令官となると、1904年に開戦した日露戦争では、乃木希典《のぎまれすけ》将軍の指揮する日本軍の包囲攻撃を受けながらも粘り強く抵抗し、日本軍に大きな損害を与えます。

包囲の7カ月後、戦争継続が困難と判断した1905年1月1日に降伏。開城規約に調印したときの会見は尋常《じんじょう》小学校唱歌「水師営《すいしえい》の会見」になります。「敵の将軍《しょうぐん》ステッセル　乃木大将と会見《かいけん》の　所はいずこ水師営」を含む1番から9番まで歌われています。

しかし、まだ防衛能力があるにもかかわらず降伏したとして軍法会議にかけられ、死刑を宣告されます。その後、10年間の禁錮《きんこ》に減刑され、さらに1909年にはニコライ2世によって特別に許されました。

chapter 6

ロシア革命

黒海を取る？

第一次世界大戦が始まる前、ロシアとイギリス・フランス・ドイツの関係は、悪くありませんでした。フランスとは同盟関係にあり、イギリスとは対立を避けるための協商を結んでおり、ドイツとは穀物などの貿易がさかんでした。ロシアは、この安定した関係が長く続くことを望んでいたといえます。

しかし、各国が植民地や新たな領土をねらう時代だったので、平和は長く続きません。1908年、オスマン帝国で起こった政変を利用して、オーストリアがボスニア・ヘルツェゴビナを併合しました。このときロシアは不満を覚えつつも、それを認めます。

さらに3年後、今度はイタリアがリビアをねらってオスマン帝国と開戦します（伊土戦争）。戦争中にオスマン帝国は、しばしばダーダネルス海峡とボスポラス海峡を閉鎖しました。

ロシアの穀物はこのルートで輸出されていたため、大きな損害をこうむります。やがて、この地域を直接支配したいという野心が大きくなっていきました。

第一次世界大戦の状況

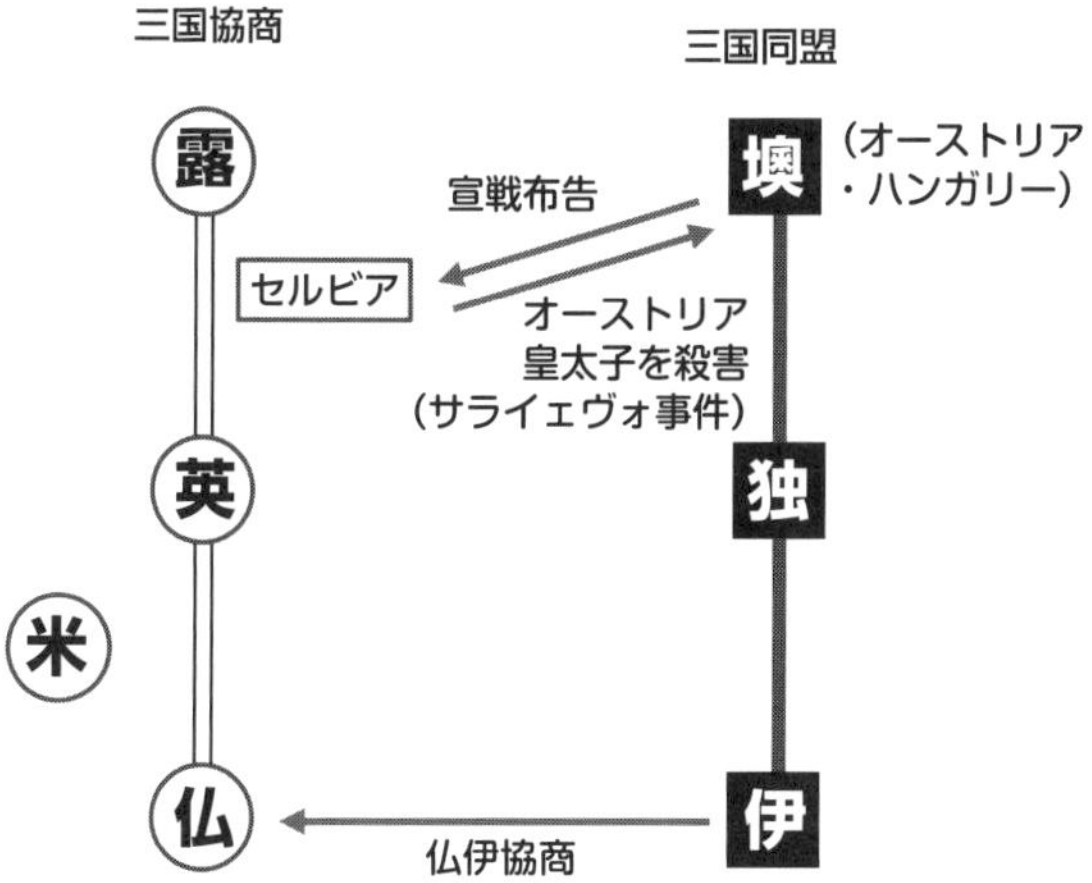

第一次世界大戦、勃発！

バルカン半島での不穏な状況が続いていた1914年6月、ボスニアの州都サライェヴォで、オーストリアの皇太子夫妻が暗殺されるという大事件が起こりました。

犯人がセルビア人の青年であったことから、オーストリアは「セルビア政府が何か関与している」として、セルビアに最後通牒《つうちょう》を突きつけました。セルビアはこれを拒否し、オーストリアとの戦争が避けられないとみて、ロシアを頼ります。

また、もともと不仲であるドイツと対

立が深刻になっていたフランスは、ロシアに参戦を求めました。オーストリアもドイツを頼って戦争の準備を始め、ついに三国同盟と三国協商が対決することになりました。

7月20日、ニコライ2世は開戦の詔書を読み上げ、ロシアの名誉《めいよ》と尊厳《そんげん》、領土保全のために戦うことを、全国民に呼びかけました。以後、ロシアでは「国を挙げて戦い抜く」という雰囲気が広がります。愛国を叫ぶデモは、ドイツ人の経営する店や大使館などを襲いました。

ストライキに入っていた労働者も工場に戻り、生産活動を始めます。ドゥーマでは戦争反対の立場だったボリシェヴィキとメンシェヴィキが議会から退場して、それ以外の党派が戦争に賛成しました。さらに、首都のサンクト・ペテルブルクという名がドイツ的であるとして、ペテログラードに改められます。

戦争の序盤は、ロシア軍がオーストリア領に進攻して優勢でした。しかし、ドイツ軍の攻撃が本格化すると、形勢が逆転します。8月にタンネンベルクの戦いでロシア軍は大敗しました。戦闘が激化するにつれてロシア軍は兵員や弾薬などの補給が困難になり、さらに、きびしい冬に戦うことが決定的になると、兵士たちの士気がいちじるしく下がってしまいます。

不利な状況が続いたことで、軍の首脳部が責任をおしつけ合い、スパイと決めつけられ迫害される者が出るなど、軍の内部や国の機関でもひずみが出てきます。さらに、ロシア国内の被支配民族を強制的に戦争に参加させる、または反乱を防ぐための方針も出されました。

ロシアの前線となったポーランドは、ロシアがかつてオーストリアやドイツ（当時はプロイセン）と分割していたため、そこに住むポーランド人に何と言って戦争への協力を要請するかはむずかしい問題でした。ポーランド人は独立と統一をめざしていましたが、戦争中のため統一は不可能です。

ロシア政府は、ポーランド人の協力を得るために、ドイツやオーストリアに分割されているポーランドの独立と、

そのころ、日本では？

タンネンベルクの戦いがあった1914（大正3）年、日本では戦前最大の贈収賄《ぞうしゅうわい》事件であるシーメンス事件が発覚しました。ドイツ企業のシーメンスが受注契約を有利にするため日本海軍高官に賄賂《わいろ》を贈ったというものです。事件の責任を取り、山本内閣は総辞職に追い込まれました。

ロシア帝国内での自治を約束しました。

一方でポーランド内のガリツィア地方では住民をロシア正教会に強制的に改宗させ、ユダヤ人に対しては「オーストリアのスパイになる」おそれがあるとして、きびしい弾圧や強制移住が行われました。

総力戦に備えよ！

ロシアは劣勢となったまま長期間戦わなければならず、そのための経済政策が実行されました。輸出先を失った穀物が値下がりすると農民の生活が苦しくなるため、政府が価格を決め、強制的に販売させるなどしました。

また、兵器を安定して生産するために、政府によって労働者が生産ラインに組み入れられます。燃料や食料の輸送のため、戦時経済統制体制が整えられていきました。

第一次世界大戦は戦場での戦いだけでなく、政治や経済にも大きな影響を与えました。とくに戦争が長期化し、兵士として労働者や農民が戦場に動員され、軍需工場をはじめ生産現場に婦人も動員されたため、総力戦となりました。

1915年には、ニコライ2世がみずから戦場で指揮をとると言い出しました。しかし高官たちは、皇帝が首都を離れることで政府のいうことを聞かない者が出てきたり、クーデターが起こったりすることを理由に反対します。それでもニコライ2世は、その声を無視して最高司令官に就任しました。

ニコライの言動には、ラスプーチンが大きな影響を与えたとされます。国会では公然とラスプーチンを批判する議員も現れました。そして1916年12月、ラスプーチンは暗殺されました。

社会主義者は戦争するな

1912年、ボリシェヴィキは単独で開催した集会で、レーニンを指導者とする勢力としての自立を果たしました。

第一次世界大戦が勃発すると、レ

ーニンはどうしてこのような戦争が起こったのか、その理由づけができず、経済や社会を含めた歴史を十分に学んできていなかったことを反省し、帝国主義を研究します。そして1917年に『資本主義の最高の段階としての帝国主義』という本を刊行しました。

さて、当時の各国の社会主義政党は戦争が始まると「祖国防衛」を口実に、戦争に協力することを表明しました。1889年に各国の社会主義政党や労働組合が、国境を越えた連帯のために結成した第二インターナショナルは、連帯という目標が達成できなくなり崩壊しました。

資本主義諸国が利益を争う第一次世界大戦は意味がないと考えるレーニンが、戦争に賛成する社会主義者を批判したのは、いうまでもありません。

二月革命が起こったとき、レーニンはスイスに亡命中でした。帰国ルートが封鎖されていましたが、ロシアと戦っていたドイツは、戦争に反対するレーニンを帰国させようとします。このときレーニンを乗せた列車は、ドイツ領を通過するため、誰が乗っているかを隠しました。このために「封印列車」といわれます。

ところがロシアに帰ったレーニンはドイツのスパイと疑われ、一時フィンランドに亡命するという騒《さわ》ぎも起こりました。

パンをよこせ!

1917年1月9日、ロシアの首都ペテログラード(1914年にサンクト・ペテルブルクから改称)で血の日曜日事件を記念するストライキが起こります。戦争が続くなか、ペテログラードには軍需《ぐんじゅ》工場が増え、総人口240万以上のうち、40万近い労働者と30万近い兵士がいました。ところが、バルト海に面したこの都市は戦争中にドイツ軍によって包囲されたため、食料や燃料が入ってこない状態にありました。

血の日曜日記念のストライキで多くの人々を集めたことで、労働者のグループは自信を持ち、ドゥーマが開かれる2月14日に、ふたたびストライキの呼びかけを行いました。

戦争中にストライキが行われると、工場の生産能力が落ちます。そのため、ストライキを行う意味は大きいのですが、このグループは、ドゥーマを中止に追い込むことをねらったわけではありません。本当の目的は、きちんとした議論が行われるドゥーマを運営することでした。

しかし、ボリシェヴィキがストライキに反対したことから、成果をあげることはできませんでした。

日々の食事にも困る労働者は増え続け、2月23日、ペテログラードにある工場で働く女性従業員が「パンよこせ」と叫ぶデモを始めます。

男性労働者も加わり、3日目の25日には市内全域でストライキが広がりました。

さらに翌日以降は、デモに銃撃を加えた軍隊に一部の兵士が抗議し、デモ隊に加わるという事態になります。デモに加わった兵士のなかには、監獄《かんごく》を襲って政治犯を解放する者も現れました。

政治犯の一部は、ペテログラードの労働者を中心とした「ソヴィエト創出」という組織に加わります。1905年に初めてこの言葉が使われ、1917年以降はロシアの革命勢力が集まる組織として知られるようになりました。兵士や農民、労働者が、それぞれにソヴィエトを組織していきます。

ロマノフ朝の最期

デモが拡大したことから、ニコライ2世はドゥーマの解散を命令しました。さらにケレンスキーを中心とする臨時委員会が組織されて革命勢力への対応にあたります。3月2日には、軍の高官や役人の立場でロシアを代表する臨時政府が誕生しました。

その結果、労働者や兵士が組織したソヴィエトと臨時政府というふたつの権力機関が存在する事態になりました。両者の力に大きな差はなく、以後しばらく「二重権力」の時代が続きます。

臨時政府は、成立した翌日に国会の基本方針を発表しました。その内容は、政治犯を特別に釈放《しゃくほう》すること、言論・出版・集会の自由を認めること、団結権やストライキ権を保証すること、身分や宗教、血筋による差別を完全になくすなどでした。

さらに翌日、ニコライ2世が退位します。後継者として指名されたミハイル（アレクサンドル3世の子どもでニコライの弟）が断ったため、300年の歴史を誇るロマノフ朝はついに終わりのときを迎えました。

戦争を終わらせよう

革命によってツァーリの専制体制は終わりますが、戦争は続いていました。「臨時政府」と「ソヴィエト」で戦争への対応は異なり、のちに起こる混乱の原因となります。「ソヴィエト」の兵士や労働者は戦争の早期終結を望んでおり、敵国の労働者にも戦争を終わらせようと呼びかけました。そして賠償なし・併合なしの講和をすると宣言します。ただし、革命による社会主義政権という成果を守るため、防衛の戦争をすることだけは認めました。

一方の臨時政府は、イギリスやフランスなど連合国と結んだ協定を守り、戦争が終わるまで戦い続ける立場を明らかにしました。ソヴィエトはこれに反発し、領土拡大のための戦争を認めませんでした。

その後、臨時政府は「どの国や地域も併合せず、それぞれの民族が自分たちで進むべき道を決める」という方針に基づいて連合国との交渉に当たります。同時に、連合国の一員としての義務をきっちり果たすことも表明しました。ところが、国内向けには無賠償などをいいながら、国際的にはドイツへきびしい要求をする態度をとったため、矛《む》盾《じゅん》があります。

1917年4月、この問題を解決するため、臨時政府で司法大臣についていた社会革命党のケレンスキーが、ソヴィエトと臨時政府の間をとりもち、対決を回避して危機を乗り切りました。

考え方がまったく合わない臨時政府とソヴィエトの協力関係が続くなか、ボリシェヴィキが動きます。

そのころ、日本では?

1917(大正4)年、東京で第3回極《きょく》東《とう》選手権競技大会が開かれ、東京高等師範学校サッカー部が日本代表として中華民国チームと対戦しました。この試合が日本サッカー初の国際試合でしたが、結果は0対5と大敗します。大会全体では、日本が総合優勝を果たしました。

4月3日、スイスからレーニンが帰国し、「臨時政府を打倒し、ソヴィエトが全権力を持つべきである」という基本方針(4月テーゼ)を発表したのです。ボリシェヴィキはこれを党の方針としますが、ソヴィエト内では少数派意見でした。

ケレンスキーはドイツに反撃をする準備を始めます。ところが、戦争を継続したくない兵士は「再開するぞ、攻めろ」と命令しても応じません。7月になると兵士や労働者が「無賠償・無併合」で講和すべきであるとして、デモを起こしました。

臨時政府は、このデモがレーニンの指導で動くボリシェヴィキの陰謀であると断定します。ボリシェヴィキの中心メンバーであったトロツキーなどが逮捕されると、レーニンはふたたび逃げました。

ただし、ソヴィエトの主流派や臨時政府の社会革命党やメンシェヴィキの民主派もボリシェヴィキの存在をまったく認めないというわけではありませんでした。

このような状況のなかで、臨時政府の第三次内閣が成立します。保守派のコルニーロフと、社会革命党のケレンスキーは、反抗する兵士への処遇《しょぐう》をめぐって激しく対立しました。

1917年のロシア国内

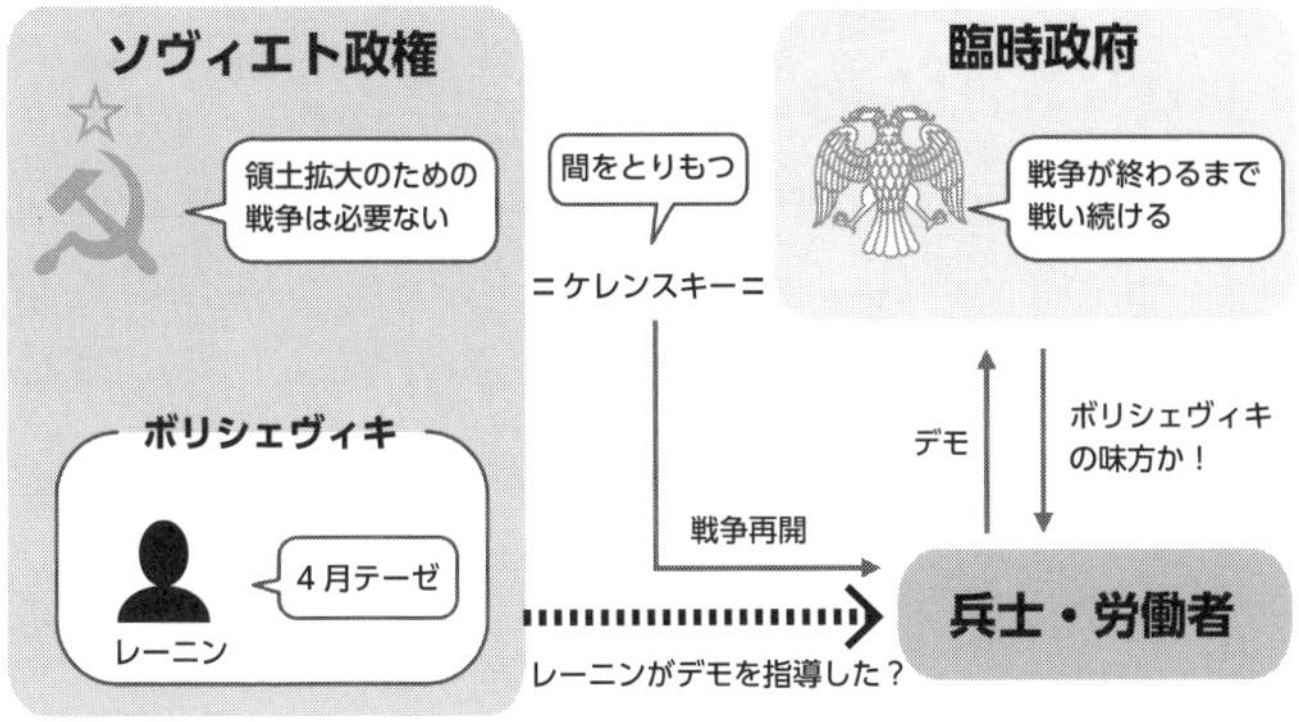

コルニーロフが優勢になると、ケレンスキーはソヴィエトに近づきます。ソヴィエトもケレンスキーを支援し、反コルニーロフ運動を起こしました。

8月25日、コルニーロフは独裁政権をつくろうとはかり、反革命派の軍人を集め、軍事行動を起こしました。ボリシェヴィキはコルニーロフの進撃を阻止《そし》し、逮捕しました。

臨時政府を倒せ

臨時政府の第三次内閣が発足《ほっそく》したころ、農民が地主の館を焼《や》き討《う》ちするなどの騒動が起こりました。ソヴィエト政府が農民や労働者の支持を集めていくなか、臨時政府はなんの方針も立てられず、事態を収拾する力を発揮できませんでした。また、農村を支持基盤にする立憲民主党（カデット）を閣僚《かくりょう》から排除したため、臨時政府の権威はさらに低下しました。それでも、責任内閣制（議会で多数を占めた政党が内閣を組織し、議会運営の中心になる政治システム）を導入するなど、議会運営を改革する姿勢を見せ、第四次内閣が組織されます。しかし、実質的な政策を行う力は持っていませんでした。

一方、ソヴィエトは、将来への準備を進めていました。逃亡先のレーニンは、臨時政府を武力によって倒し、ボリシェヴィキが権力を握ることを提案します。しかし、ベテラン幹部の多い中央委員会は、すぐには同意しませんでした。

臨時政府を倒す準備は、トロツキーを中心に進められました。10月12日、ペテログラードに「反革命組織からソヴィエトを守る」という名目で、軍事革命委員会が設置されます。そこが軍の司令部となりました。ボリシェヴィキと社会革命党の左派（急進的グループ）を中心とする軍事革命委員会は、首都の各部隊に軍事専門家を派遣して、ソヴィエトの統制下に組み入れていきます。

こうしたソヴィエトの動きに対し、臨時政府は10月24日に攻撃をしかけました。ところが、首都内の重要拠点はボリシェヴィキに制圧され、臨時政府の勢力は宮殿に立てこもるはめになります。

翌日、ケレンスキーはアメリカ大使館の車で逃亡し、のちにフランスへ亡命、その権威は失墜《しっつい》しました。1940年以降は、アメリカに移住しました。

ソヴィエト政権誕生!

10月25日、軍事革命委員会は「臨時政府は倒れ、委員会みずから国家権力を握った」と高らかに宣言しました。その日の夜、ソヴィエト大会で各自の行動について話し合われ、軍を使って権力を手に入れることに反対したメンシェヴィキや社会革命党のような穏健な考え方をする右派は、開会後に退場します。

そして残ったボリシェヴィキを中心とする600名あまりの議員が、ソヴィエト政権の基本的な考え方である「平和に関する布告」「土地に関する布告」を採択しました。

その具体的な内容としては、関係国と平等な立場で交渉する民主的講和と即時停戦、地主の土地の没収、上官の命令は絶対に従わなければならない軍隊が兵士の意見も聞き入れられる組織になるための民主化、憲法制定会議を開くこと、パンの確保、民族がみずからの国家の将来を決める権利を認めることを目標しています。ちなみに、この段階ではまだ「社会主義」という言葉は登場しません。

ボリシェヴィキは憲法制定会議を開くにあたって組織された、臨時労農政府に「人民委員会議」をもうけるよう提唱しました。

しかし、これに社会革命党が協力を拒《こば》みました。結局、レーニンを人民委員会議首班《しゅはん》とし、トロツキーを外務人民委員、スターリンを民族問題人民委員とするなどしました。国会にあたる人民委員会議は、ボリシェヴィキの単独政権となります。

社会主義と共産党

11月12日、ヨーロッパ・ロシアからシベリアまでの全ロシアにおいて、史上初の憲法制定会議の議員を選ぶ選挙が行われます。

投票率は50パーセントで、全体の40パーセントの支持を得た社会革命党が第1党、ボリシェヴィキは24パーセントで第2党でした。ただし、ロシア全土で見るとボリシェヴ

ボリシェヴィキによる独裁

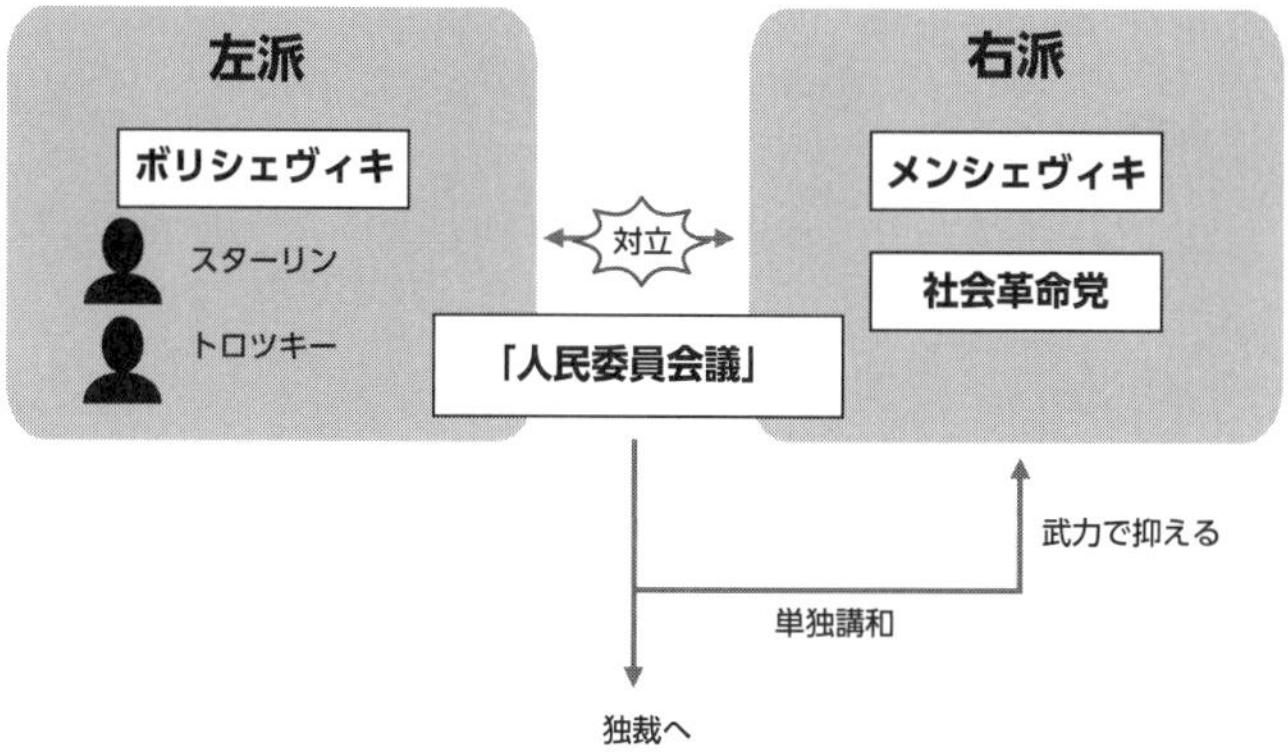

ィキの支持者が圧倒的多数となります。

1918年1月5日に開催された憲法制定会議では議長に社会革命党のチェルノフが選出されますが、ボリシェヴィキは会議の解散を主張して審議に参加せず、退場しました。

10日に開かれた第3回労兵ソヴィエト大会で、「勤労被《ひ》搾取《さくしゅ》人民の権利の宣言」が採択《さいたく》され、レーニンはロシアが「社会主義ソヴィエト共和国」であることを宣言します。

社会主義をかかげる、新しい国家の方針が決定したのです。まさにボリシェヴィキの勝利でした。なお、「勤労被搾取人民の権利の宣言」はこの年の7月に誕生した憲法の冒頭《ぼうとう》に記載《きさい》されています。

ボリシェヴィキは、1918年春の党大会で「ロシア社会民主党」から「ロシア共産党」へ名前を変更します。ソ連は社会主義を実践する国家ですが、それを指導する政党は「共産党」です。共産主義社会では、人間は「必要に応じて働き、必要に応じて受けとる」という理想が実現されると説明されました。

しかし、そのような社会を一挙につくるのは不可能であり、社会主義はその共産主義社会に向けた過程と一般に説明されています。

赤軍の誕生

ボリシェヴィキが政府内で独裁権力を強めていくなか、ドイツとの和平交渉が始まりました。ボリシェヴィキの内部には交渉に反対する声もあり、また革命に対して外国も口を出しはじめます。

こうした状況のなか、1918年1月、十月革命の過程で形成された労働者の武装組織「赤衛隊《せきえいたい》」を受け継ぐ形で、赤軍《せきぐん》が組織されました。その目標は、ソヴィエト権力を守ること、そしてヨーロッパの革命支援でした。当時、ロシア軍は革命によってほとんど機能していなかったのです。

ただし、2月に和平交渉がまとまらずドイツ軍が侵入してきたため、レーニンは講和を主張し、ドイツから提示されたフィンランドの独立承認や高額な賠償金を支払うなどの条件をのんで、ブレスト・リトフスク条約を結びました。

その後、赤軍は徴兵制となり、トロツキーの指導のもと、装備を整えて強力な軍隊へと成長していきます。

なお、ソヴィエト連邦は1918年からグレゴリオ暦（現在の西暦）を採用し、この年の2月1日を2月14日としました。本書では、1700年からロシア帝国で使われていた旧暦をもとに「二月革命」「十月革命」としていますが、西暦ではそれぞれ「三月革命」「十一月革命」となります。

食料がない！

ソヴィエト政府にとって、外国の軍や反政府勢力との戦闘以上に、社会や経済が機能していないことが問題でした。工場を経営しているブルジョア（産業資本家）は革命政府に協力せず、土地を手にした農民も食料を都市に流通させようとしません。権力を握ったとはいえ、ボリシェヴィキの国家運営はいきづまってしまいました。

１９１８年の春から夏にかけて、食料が市場に出てこなくなりました。戦乱が続くなかで、政府は、工業のほとんどを国が管理することとしました。農民は自分たちで食べるものを除き、すべての穀物をとりあげられます。食料の配給制がスタートしました。

１９２０年は凶作となり、飢餓に苦しむ人が続出します。

そのころ、日本では？

1918（大正7）年8月、日本はアメリカ、イギリス、フランス軍とともに、ロシア革命への武力干渉などを目的に、シベリアへの共同出兵を宣言します。ウラジオストクに上陸後、1922年までシベリアに軍隊を駐留させます。日本軍の死者は3000人以上、戦費は10億円にのぼりました。

食料を強制徴発《ちょうはつ》された農民、内戦後も自由になれない兵士による暴動が起こりますが、政府により弾圧されました。

大いなる矛盾

1921年、ソヴィエト政府は食料税を導入し、税を納めたあと、農民の手元に残った穀物は自由にしてよいとしました。これを新経済対策（NEP《ネップ》）といいます。工業でも、一部小企業が国有化を解除され、私企業としても営業が許され、中・大企業も独立採算制を認められました。

経済が回復してくるなか、農村ではクラーク（富農《ふのう》）が出現し、穀物価格をつり上げていきます。都市ではネップマンといわれる商業活動に従事する人々が現れました。彼らは、小売業と国営工場と市場を仲介する役割も果たし、経済の成長に貢献《こうけん》しました。

しかし、社会主義をめざす国で、その対極にある資本主義的政策を実行するのは、大きな矛盾がありました。共産党員の疑問を解消するため、共産党は組織を再編成していきます。

ひみつコラム

ロシアの飛び地

ドイツの拠点だったカリーニングラード

バルト海東南岸地帯にはドイツ・ポーランド・バルト3国が並び、その間にロシア領が2カ所あります。ひとつはネヴァ川の下流で、そこにはロシア第2の都市サンクト・ペテルブルクがあり、もうひとつがカリーニングラード州（カリーニンはソ連の政治家の名前）で、ここはポーランドとリトアニアに囲まれ、ロシアの飛び地になっています。

このカリーニングラード州周辺に乗り込んで拠点を築いたのはドイツ人です。中世のハンザ商人のバルト海への進出、ドイツ人有力者が進めた東方植民、そしてキリスト教の布教をめざしたドイツ騎士団、これらドイツ人の重要拠点として建設されたのが、ケーニヒスベルク（「王の山」の意味）です。

ドイツ騎士団は強勢を誇りますが、15世紀になると、強大化したポーランド・リトアニア連合王国に敗れ、それに服属《ふくぞく》していました。

カリーニングラードの位置と市街地

ドイツ騎士団の総長を継承したホーエンツォレルン家は、17世紀にはポーランドから自立し、18世紀になるとプロイセン王国となり、逆にポーランドを圧迫、オーストリアやロシアとともにポーランドを分割し、プロイセンはドイツ東部からケーニヒスベルクまで、バルト海岸沿いを領土にしました。

第一次世界大戦後、独立したポーランドが領土を回復し、ケーニヒスベルク周辺は東プロイセンの交易の中心地となります。

ケーニヒスベルクは、第二次世界大戦末期にソ連によって占領され、周辺地域とともに割譲され、1946年7月にカリーニングラードと改称されました。ソ連が解体されてもこの地はロシアの領土として残っています。

知れば知るほどおもしろいロシアの偉人⑥

ロシア帝国最後にして伝説の皇女

アナスタシア

Anastasia Nikolaevna Romanova

（1901～1918）

若くして処刑されたはずが、じつは生きていた？

20世紀でもっとも有名な謎、ともいわれる「アナスタシア伝説」で知られている皇女です。

ロシア帝国最後の皇帝ニコライ2世の末娘として産まれるも、17歳で家族とともに処刑されてしまいます。きっかけは日露戦争での敗北でした。ニコライ2世の威信《いしん》は失墜し、それがロシア革命へとつながります。革命後、ニコライ2世と妻、アナスタシアを含む5人の子どもは、レーニン率いるボリシェビキ政権によって幽閉《ゆうへい》され、1918年7月に全員が銃殺されました。さらに従者や主治医らも殺され、遺体はすぐに埋められたとされています。

のちに遺骨のDNA鑑定の結果、アナスタシアの死亡も確認されました。しかし、「アナスタシアは生きている」という説が根強く流れ、何度も本人を名乗る人物が現れています。この生存伝説をもとにしたアニメ映画『アナスタシア』は1997年にヒットしました。

chapter 7

「ソ連」の時代

ソ連のなりたち

十月革命でロマノフ朝による帝政が崩壊したあと、その支配下にあった諸民族が独立をめざして動きはじめました。彼らが独立してしまうと領土や人口が減るため、よいことはありません。そこでロシア共産党は、赤軍などを使って独立運動を抑え、民族の名前をつけた「ソヴィエト共和国」を建設させました。

そして、それら共和国をまとめた「ソヴィエト社会主義共和国連邦（ソ連）」が1922年からスタートします。連邦とは、複数の独立の政治団体が合同した体制を指す言葉です。ソ連は複数の「ソヴィエト社会主義共和国」からなる連邦国家でした。その中心となったのは、ロシア・ソヴィエト社会主義共和国です。

ソ連成立当初は、ロシアのほか、ウクライナ、ベラルーシ、ザカフカースの4つのソヴィエト社会主義共和国が成立し、以後、加盟国は徐々に増えて最終的に15となります。

ソ連には、政党はロシア共産党（1952年からソヴィエト共産党）しかありませんでした。このような政治体制を政治の言葉では一党独裁といいます。しかし、独裁という言葉の響《ひび》きがよくないため、15のソヴィエト共和国の意見がきちんと反映されるような話し合いが行われました。そこで決定されたことを唯一《ゆいいつ》の政党であるロシア共産党が指導し、国家を運営するとしました。

1919年、社会主義国家の建設をなしとげ、ロシア革命で成立した社会主義体制の防衛と世界革命の推進のため、モスクワに本部を置くコミンテルン（第三インターナショナル）が結成されました。

国のトップは書記局長

国の方向性を決めたり、法律案を話し合って決めたりする機関は、5年に1回開催される「党大会」でした。さらに党大会の選挙で選ばれた中央委員は「中央委員会」に参加します。中央委員会の決定は、各共和国やそのもとにある州や市などの党委員会に伝わりました。そして、この中央委員会のトップに立つのは「書記局長」です。ソ連の時代は、共産党の書記局長が最高権力者でした。

党大会には、企業・施設・軍隊・コルホーズ（集団農場）などが参加しました。党員

① ロシア・ソヴィエト連邦社会主義共和国 → ロシア連邦
② エストニア・ソヴィエト社会主義共和国 → エストニア共和国
③ ラトヴィア・ソヴィエト社会主義共和国 → ラトヴィア共和国
④ リトアニア・ソヴィエト社会主義共和国 → リトアニア共和国
⑤ 白ロシア・ソヴィエト社会主義共和国 →ベラルーシ共和国
⑥ ウクライナ・ソヴィエト社会主義共和国 →ウクライナ
⑦ モルダヴィア・ソヴィエト社会主義共和国 →モルドヴァ共和国
⑧ グルジア・ソヴィエト社会主義共和国 →ジョージア（グルジア）
⑨ アルメニア・ソヴィエト社会主義共和国 →アルメニア共和国
⑩ アゼルバイジャン・ソヴィエト社会主義共和国 →アゼルバイジャン共和国
⑪ カザフ・ソヴィエト社会主義共和国 →カザフスタン共和国
⑫ ウズベク・ソヴィエト社会主義共和国 →ウズベキスタン共和国
⑬ トルクメン・ソヴィエト社会主義共和国 →トルクメニスタン
⑭ キルギス・ソヴィエト社会主義共和国 →キルギス共和国
⑮ タジク・ソヴィエト社会主義共和国 →タジキスタン共和国

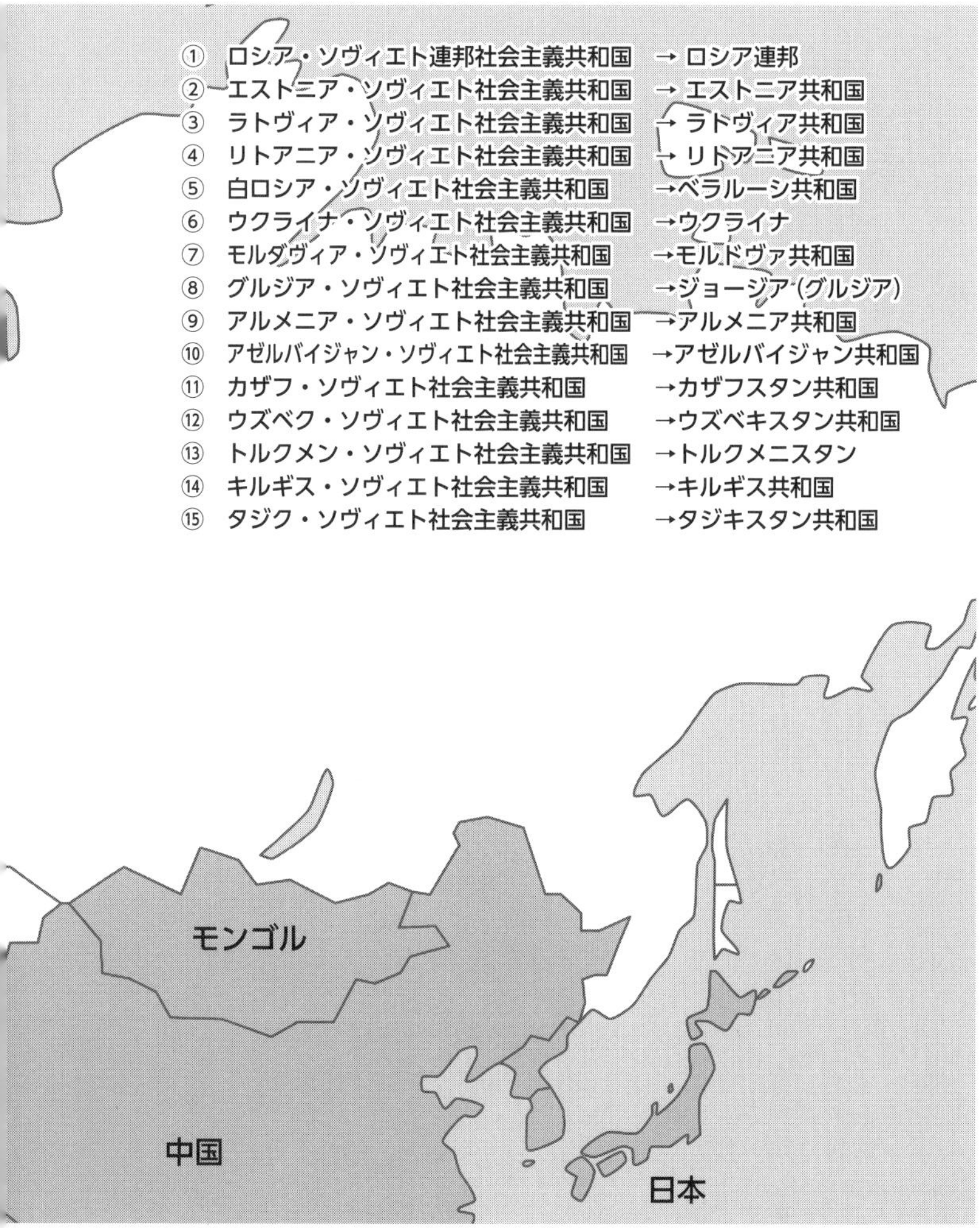

15のソヴィエト共和国

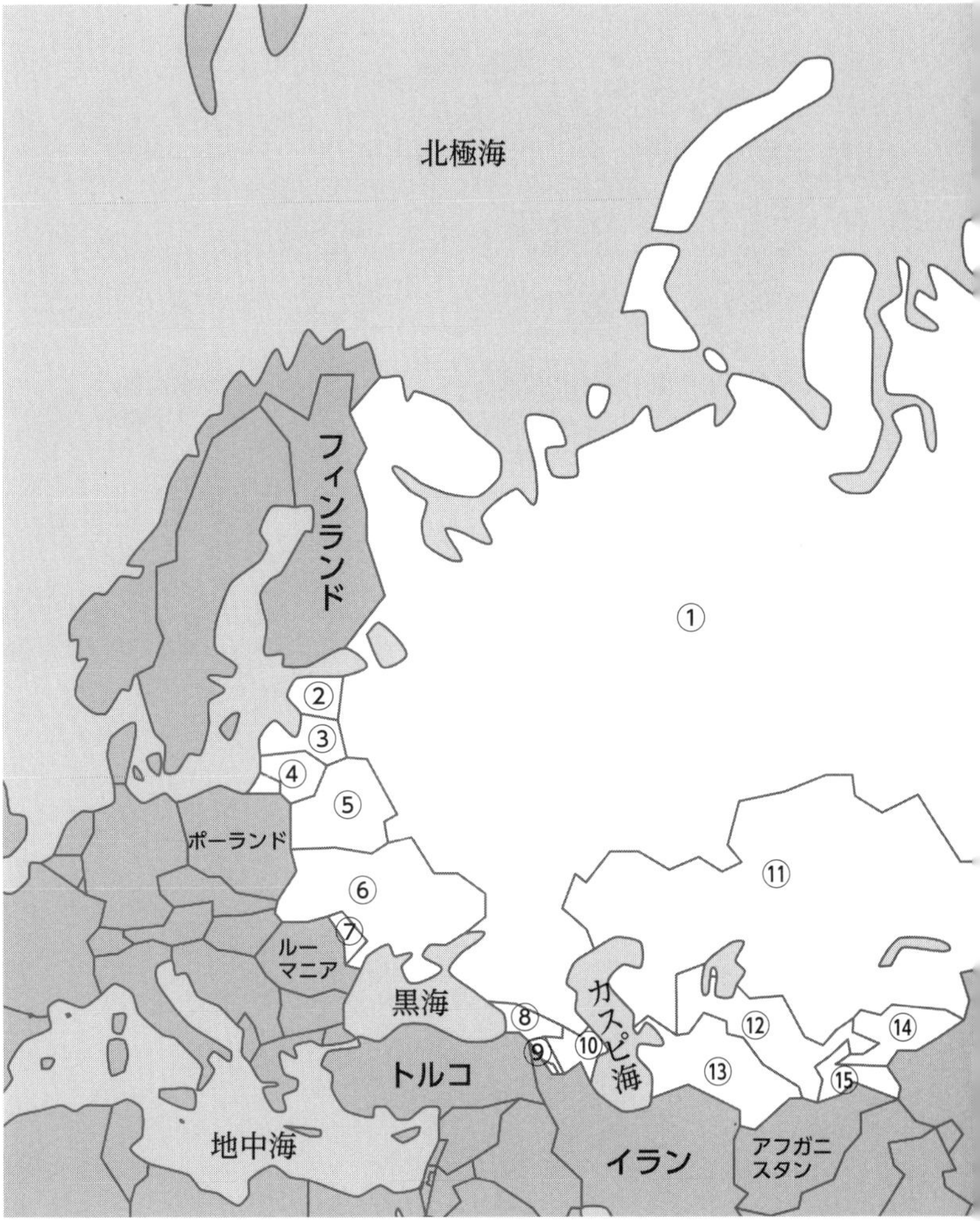

ソ連の政治体制

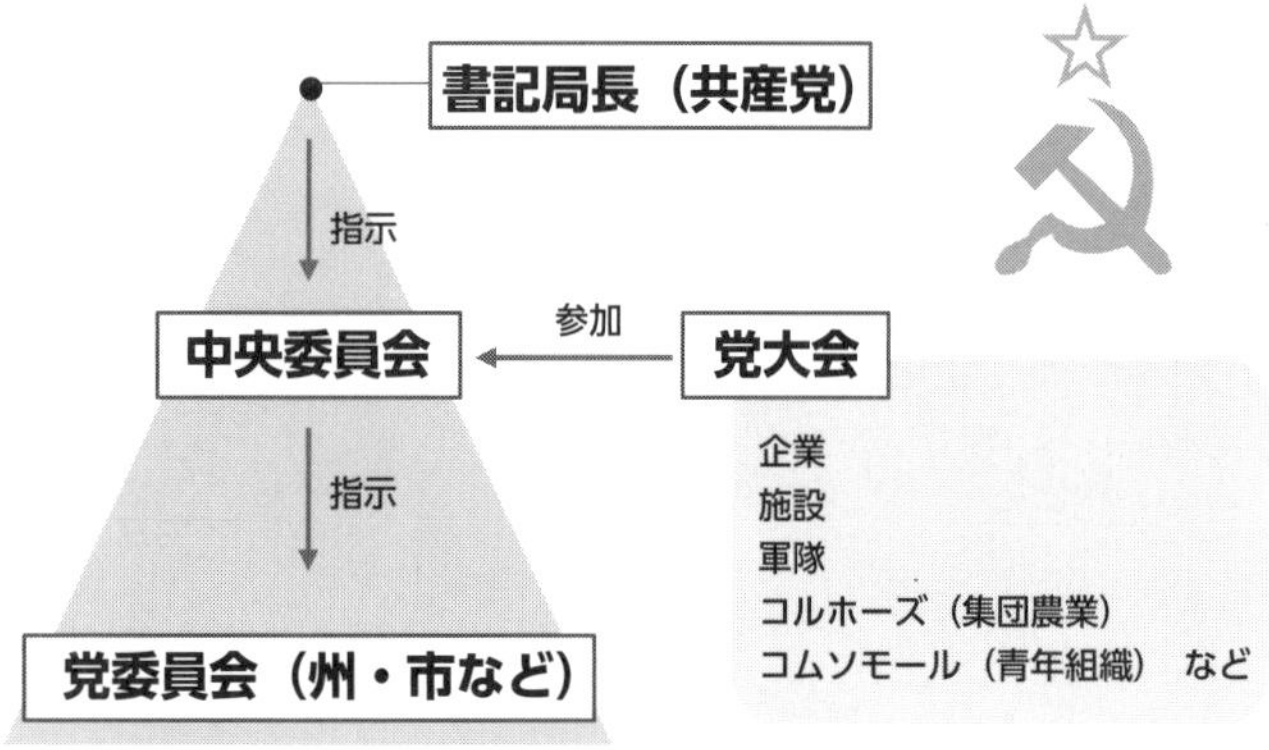

の推薦があれば、18歳から共産党員になることができ、若い党員はコムソモール（青年組織）に所属しました。

党員の数は全人口の1割強程度で、おもな職種は、共産党職員と労働者（ともに4割強）・農民（1割強）に区分されます。

こうしたピラミッド型の政治体制が、国を維持するために有効と考えられました。ただし、ソ連は国土が広く、生活様式が異なる多くの民族がいました。

また、前例にならう政策ばかりで、庶民は労働時間などの「ノルマ」を果たせば、あとは働かなくてもよいという風潮が広まりました。これでは国の発展が期待できません。

歴史上初めて、社会主義政権の国を生み出した指導者たちも、新たな国をどう建設していくか迷っていました。現実がどうなっていくのかを想像できなかったのです。

一国社会主義か、世界革命か

1922年から、レーニンが体調をくずして療養《りょうよう》します。その後継者であると主張したスターリンが書記長に就任しました。スターリンは、ソ連一国だけで社会主義を実現することは可能であるとする一国社会主義を唱えました。

これに対し、トロツキーは「ソ連だけが社会主義体制となっても、外国との関係がある以上、維持するのは不可能。だから世界革命(全世界で社会主義革命を起こすこと)をめざすべきだ」という世界革命論を唱えました。

いずれにしても、ソ連としては全世界が社会主義体制に

そのころ、日本では?

1921(大正10)年3月、皇太子裕仁親王《ひろひとしんのう》(のちの昭和天皇)がヨーロッパ歴訪に出発しています。イギリス、フランス、ベルギー、オランダ、イタリアなどを半年にわたって訪問しました。日本の皇太子がヨーロッパを訪問したのはこれが初めてのことで、大きな話題となりました。

なることを望んでいました。

1924年にレーニンが死ぬと、スターリンは独裁体制を固めていきます。1929年には、永久革命論などで対立したトロツキーを国外追放処分としました。

5年ごとの目標設定

ソヴィエト共産党は、全国の工場や農業の生産を調整し、どこかが突出して利益を集めてしまうようなことがないように、ゴスプラン（ソ連邦閣僚《かくりょう》会議国家計画委員会）という総合指令所を設置し、全国の工場の生産量を管理しました。

そして「5カ年計画」をスタートします。これは、5年をひと区切りにして生産目標を決め、達成されたかどうかを確かめてから次の5年間の計画を立て、実行していくという政策です。

1928（公式には1929）年から1932（1933）年までの第1次5カ年計画では、鉄鋼・石油・電力を中心とした工業生産力を高めることに重点が置かれ、フランスやドイツの経済水準に届くまでになります。

１９３３（１９３４）年から１９３７（１９３８）年の第２次５カ年計画では、一般庶民の生活に必要な鍋や包丁のような生活物資の生産を充実させるという目標がかかげられ、それを実施しました。

世界恐慌？　そんなの関係ねえ

スターリンが「５カ年計画」に着手したころ、世界は大不況におちいっていました。

１９２９年10月24日、アメリカ合衆国ニューヨークのウォール街にある証券取引所で、株式が大暴落します。第一次世界大戦後、ドイツはイギリスやフランスに賠償金を払い、イギリスやフランスはアメリカに戦争中の借金を返済するというおおざっぱな構図ができていました。

しかし、１９２０年代の後半になってヨーロッパの経済

そのころ、日本では？

1928(昭和3)年、日本はパリ不戦条約に署名します。これはアメリカ、イギリス、ドイツ、フランスなど列強も署名した多国間の条約で、戦争の放棄をうたったものでした。ところが、戦争の定義など内容があいまいだったため、ほとんど効力を発揮しませんでした。

が回復し、農業も復興すると、アメリカの輸出が減少し、その経済繁栄が終わりました。

アメリカとの親密な関係がなかったソ連は、1928年から始めていた5カ年計画のため、世界恐慌の影響は直接受けなかったのですが、資金を確保するために農民から輸出用の穀物を強制的に集めました。一方、農民は凶作で貧困に苦しみました。1932年から1933年の間、ウクライナを中心に数百万の農民が餓死したといわれます。

農民の犠牲の上に行われた工業化は成功をおさめ、ソ連は第1次5カ年計画によって世界有数の工業国に成長しました。それを見た資本主義諸国も、国家主導型の経済を見直します。

戦争の足音

世界恐慌が深刻な影響をおよぼした1930年代、ヨーロッパには不穏な空気が流れていました。ドイツでヒトラーが独裁権力を握り、やがて再軍備を始めます。

そして、優秀なドイツ人が生き抜いていくためには「生存圏」が必要という考えから、東ヨーロッパに勢力をを広げようとします。

イギリスやフランスは、ソ連の社会主義体制が広がるのをおそれたため、ドイツの拡大に目をつぶりました。

一方、スターリンは独裁からさらに個人崇拝（偉大な指導者としてスターリンを尊敬すること）を人民に強制するまでになっていきました。1934年の第17回ソヴィエト大会に参加した1966名の代議員のうち、1108名はその後の5年間で反革命の罪状で逮捕されるなどして姿を消しました。その後も粛清《しゅくせい》は続きました。

すでに1924年時点でイギリスやフランスから承認されていましたが、1933年にアメリカがソ連を国家として承認し、1934年にソ連は国際連盟に加盟しました。

スターリン憲法

1936年には、いわゆるスターリン憲法が制定されます。立法府は満18歳以上の男女に普通選挙権が認められるなど、民主的な内容に見えますが、あらかじめすべてが決定されていました。

フランスはドイツを警戒し、1935年に仏ソ相互援助条約が結ばれました。しかし、フランスもイギリスもソ連に対する不信感を持ち続けました。

イギリス・フランスの態度に対し、ソ連に敵対する勢力になると考えたスターリンはドイツへの接近を考え、1939年8月に独ソ不可侵条約を結びました。絶対に戦うだろうとみられていたソ連とドイツが手を組んだことに、世界は衝撃を受けます。

油断していたら開戦

ソ連と不可侵条約を結んだ翌月、ドイツはポーランドに侵攻し、イギリス・フランスがドイツに宣戦したことで、第二次世界大戦が始まりました。

開戦当初、ソ連はあいまいな態度を示します。ドイツとはポーランドの分割を約束していたため、東部を併合しました。このとき、反ソ連の軍人や知識人を虐殺《ぎゃくさつ》したことで、両国にしこりが残りました。エストニア・ラトヴィア・リトアニアのバルト3国とは、たがいが他国から侵略されたときに相互に支援し合うという相互援助条約を結びます。

さらに1939年、フィンランドとの戦争を開始しました。これが独立国への侵略行為であるとして、ソ連は国際連盟から除名《じょめい》されます。

第二次世界大戦の状況

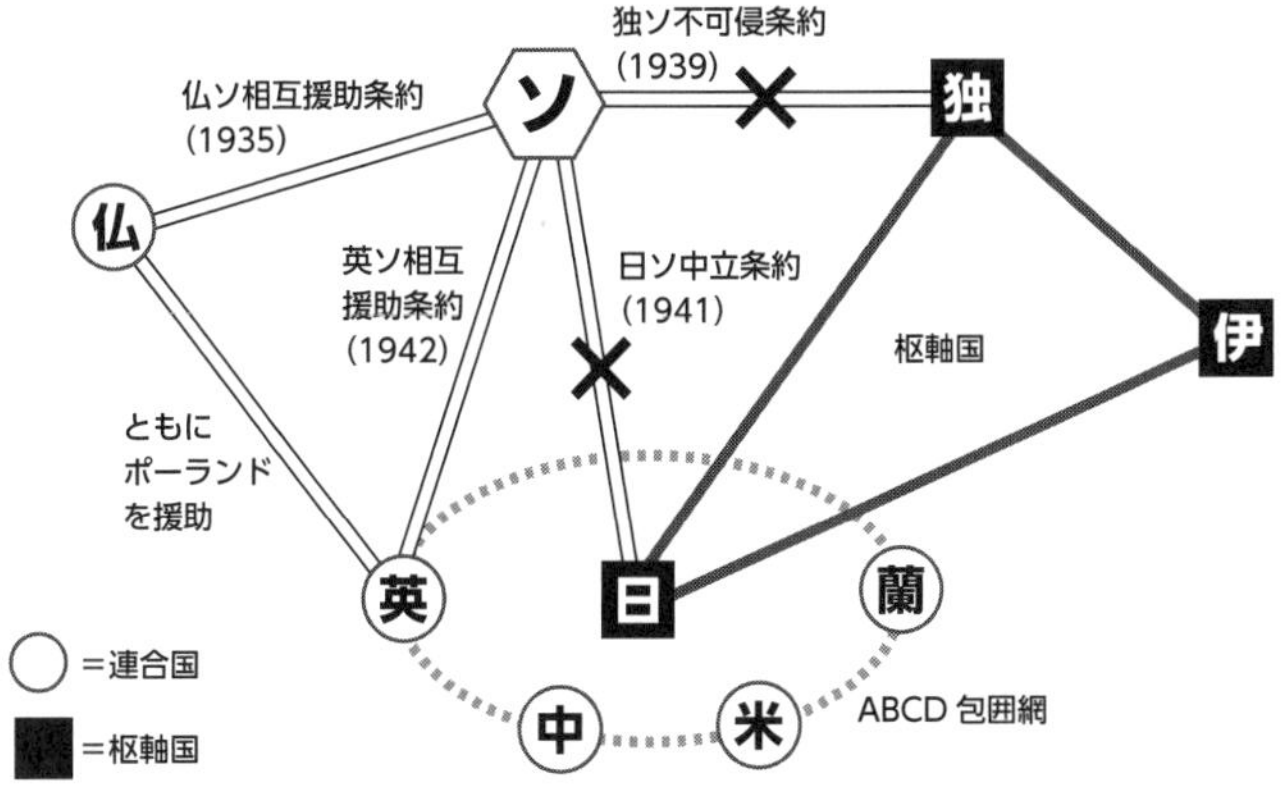

1941年6月22日、ついにソ連は第2次世界大戦に参戦しました。といっても、どこかに攻めこんだのではなく、ドイツ軍が攻め込んできたのです。

スターリンは、ドイツと結んだ不可侵条約を信用して油断していました。ソ連軍もドイツ軍の動きを把《は》握《あく》できておらず、開戦2時間前になってようやく戦闘態勢に入る指令が出ました。

準備不足のソ連軍はドイツ軍に押され続け、2カ月後にはレニングラード（ペテログラードを改称）とモスクワに迫られるという体《てい》たらくでした。

ようやく開戦を決意したスターリンは、国

家防衛委員会をつくり、総力戦に向けた体制をつくります。軍需工場が東部に移されて武器の増産が始まり、輸送を強化するために鉄道網が整備されました。

それまで、スターリンの独裁政治と大粛清に苦しめられていたソ連の国民は、戦争という目的ができたことで恐怖政治から解放され、団結心を強めました。そして戦場はもちろん、工場や農村などすべての場所で、与えられた仕事に熱心に取り組みました。

総力を挙げてナチスドイツと戦い、国土を守り切ったことから、ロシアでは第二次世界大戦は「大祖国戦争《だいそこく》」とも呼ばれます。

ベルリンを落とす

レニングラードの攻防戦は1941年9月から2年以上も激戦が続きました。ロシア軍は100万を超える死者を出しながらも、最終的に勝利します。また、もうひとつの激戦地となった、ヨーロッパ・ロシア南部の交通や工業の中心であるスターリングラード（現在のヴォルゴグラード）では、1942年7月から翌年2月にかけて、北上したドイツ軍と戦いました。ドイツ軍の撃退に成功し、ロシア軍初の勝利となりました。

さらに1943年7月、8月のクルスク（モスクワとスターリングラードの中間あたり）でも勝利し、戦況が確定します。こうしたドイツとの戦いと並行して、ソ連はアメリカやイギリスとの関係を深めていきました。

1943年11月〜12月には、スターリンとイギリス首相のチャーチル、アメリカ大統領のフランクリン・ローズベルトがテヘランで話し合い、戦争の進め方や、戦後のヨーロッパなどの方針が決まりました。

1944年6月には連合軍がノルマンディー上陸に成功します。アメリカ、イギリス、ソ連軍はベルリンを攻め、1945年5月、

ソ連軍はベルリンを占領し、ドイツが降伏しました。

なぜ日本と戦った？

日露戦争以降、ソ連は日本との小競り合いを続けていました。第二次世界大戦が始まる直前には、満洲やモンゴルをめぐって対立が深まり、1939年にはモンゴル・ソ連国境地帯でソ連軍が日本軍と戦う「ノモンハン事件」が起こりました。このときソ連は圧勝して、日本に対して優位に立ちます。

第二次世界大戦が始まると、ソ連はドイツとの戦いに集中するため、日本は東南アジアへ進出するため、たがいに歩み寄り中立条約を結びました。

しかし、スターリンはアメリカやイギリスとの関係を深めてドイツと戦い、1943年末のテヘラン会談で、日本と戦うことを決めました。1945年2月には、「戦後に南樺太や千島列島をソ連の領土にする」とアメリカ、イギリスに確認しており、準備を進めていました。

そしてこの年の8月8日、ソ連はついに日本に宣戦布告をして満洲に侵入し、樺太や千島でも軍事行動を起こしました。1週間後、日本は降伏しますが、その後もソ連は戦闘を続け、9月にはソ連軍が歯舞群島《はぼまいぐんとう》を占領しました。

9月5日、ソ連はようやく進攻をストップします。そして、捕虜にした日本兵60～70万人あまりをシベリアなど各地に連行して、戦後に強制労働をさせました。

東と西

第二次世界大戦の末期の1945年4月25日、ドイツを壊滅させるために東進を続けるアメリカ軍と、西進を続けるソ連軍がドイツ東部のエルベ川に沿ったザクセン州のトルガウで出会いました。これが歴史的に「エルベの誓い」と呼ばれます。

このできごとを記念してつくられた映画で両軍が「平

そのころ、日本では?

1945（昭和20）年4月、ソ連が日本との戦争の準備を進めるなか、それを知らない日本政府は「アメリカ・イギリスに対し、条件つきで降伏するので間をとりもってほしい」とソ連に依頼しています。このことは、日本の外交政策における失敗のひとつとされています。

和」を誓い合ったように描かれたからです。

ところが、戦後の国際関係は、米ソ両首脳の思惑のちがいから「冷戦」といわれる、戦争にはならないもののきびしい対立が始まります。

対ドイツ戦争に協力して勝利したことにより、ソ連は戦後、アメリカに対抗しうる唯一の大国となります。しかし、スターリンはアメリカが原子爆弾を開発し、対日戦争で使用したことに焦っていました。

ソ連でも開発が急がれ、１９４９年８月29日に実験が成功します。１９５３年には、原爆より強力な、水素爆弾の実験にも成功しました。

仲間を増やせるか？

アメリカとの対立が深まるなか、ソ連は社会主義体

制を守り、同じ政治・経済体制を採用する国家を増やすため、東ヨーロッパや東アジア方面との関係を深めていきます。

とくに1947年ころには、ポーランド・ハンガリー・ルーマニア・ブルガリア・ユーゴスラビア・アルバニアなどで、ソ連の影響下にある政権が誕生します。いずれもソ連の指導のもと、共産党による独裁体制でした。これらの国々を東側諸国といいます。

また、ソ連がアメリカやイギリスなどと分割占領することになったドイツでは、第二次世界大戦直後から、東西間の対立が深刻になっていきました。アメリカが戦後の経済復興に向けて呼びかけた「マーシャル・プラン」を、東側諸国は受け入れません。

ソ連は、マーシャル・プランに対抗するため、コミンフォルム（共産党情報局）を結成します。各国の共産党が参加しましたが、ユーゴスラビアはソ連中心の組織に不満を持っており、スターリンの怒りを買って除名されました。

さらに、ポーランドやチェコスロバキアなど東欧5カ国とソ連は経済相互援助会議（コメコン）を結成しました。のちに東ドイツやキューバなども加盟し世界的な広がりを持ちます。

しかし、石油などの資源大国ソ連を中心にして、経済中進国や後進国の集まりで、諸国家間の協力関係は少なく、西ヨーロッパのような経済復興と発展は期待できませんでした。

1949年にアメリカ合衆国やカナダなどソ連に危機感を持つ諸国が集まり、反共産主義の軍事同盟「NATO」（北大西洋条約機構）がつくられます。

ソ連も、これに対抗してチェコスロバキア、ハンガリー、東ドイツなどとワルシャワ条約機構をつくりました。

朝鮮で代理戦争に

東西陣営の対立は、東アジアでも起こっていました。日本が戦争で敗れて撤退したあと、朝鮮半島の北緯38度線の北をソ連が占領し、南はアメリカが占領しました。

そして1948年に国連の臨時朝鮮委員会の監督のもとで南朝鮮だけでの選挙が行われ、大韓民国（韓国）が誕生します。

その1カ月後、ソ連軍が残った北に朝鮮民主主義人民共和国（北朝鮮）が誕生しました。両国はたがいに朝鮮半島すべてを領土であると主張して対立を深め、ついに戦争が起こります。

１９５０年、北朝鮮の金日成《キムイルソン》がソ連の助けを借りて軍を動かします。ただし、ソ連軍は戦場に出ませんでした。対する韓国は、アメリカ軍を含む国連軍が戦闘に加わります。

この戦争は一進一退のすえ、３年後に休戦となりました。

朝鮮半島の情勢（1953年）

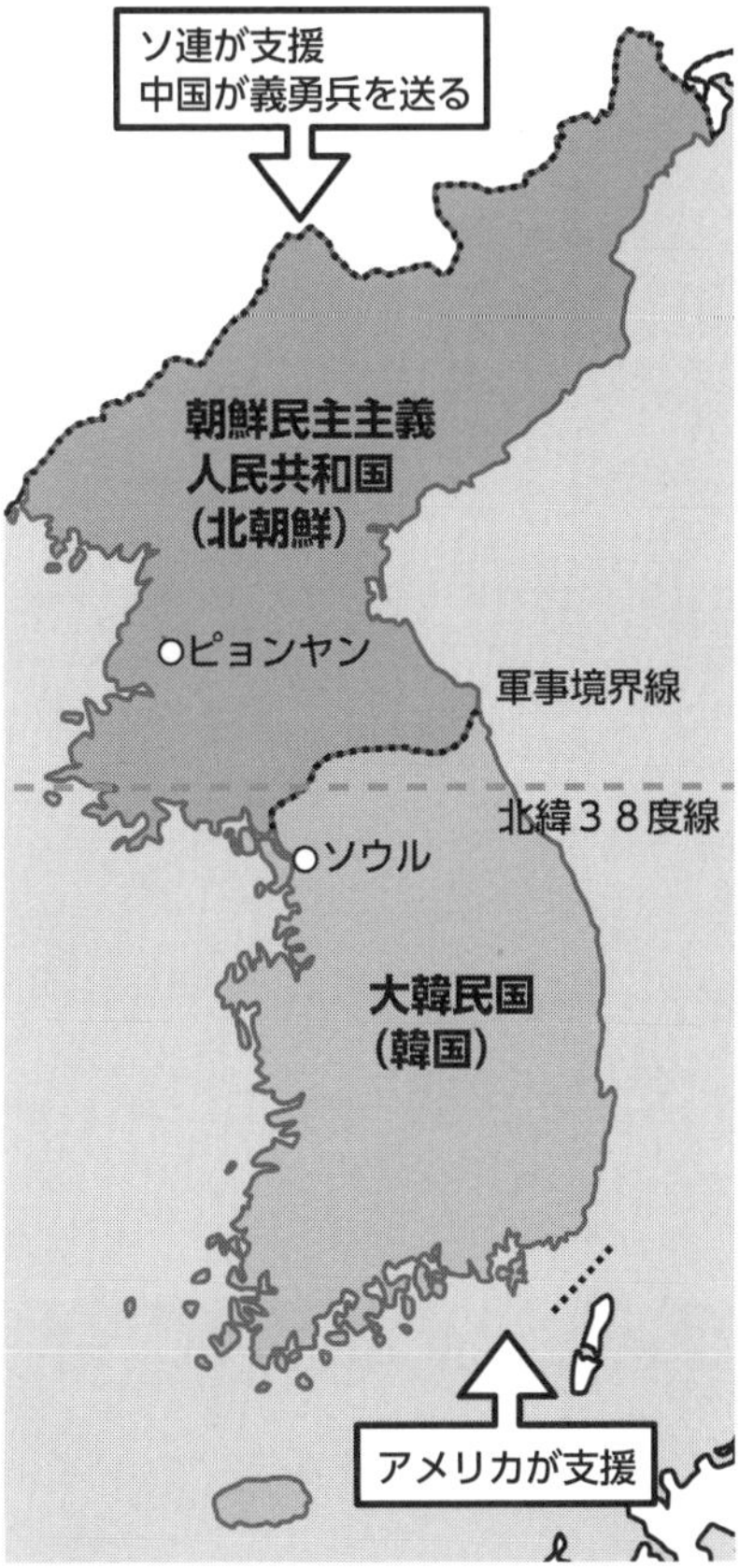

朝鮮戦争において、ソ連は「軍事顧問団」として7万以上の兵力を派遣した。おもに北朝鮮軍に武器を援助したり、実際に航空機に乗り込んでパイロットとして戦った兵士もいた。

スターリン、死す

朝鮮戦争が休戦となる少し前、1953年3月にスターリンが脳の動脈硬化で死去します。ソ連の国民はようやく恐怖政治から解放されましたが、スターリンの死に涙《なみだ》した人もいたといいます。第二次世界大戦を勝利に導いたところから、偉大な指導者であったともみられていたのかもしれません。

スターリンがソ連の政治を指導していた約30年の間に、200万人あまりが粛清されたといわれています。

ウクライナを中心に「飢餓輸出」の犠牲者が600万人あまり、第二次世界大戦のソ連人の犠牲者2600万人あまりとされます。いずれも正確な数字はわかりませんが、それ以外にも多くの犠牲者がいました。スターリンの時代

そのころ、日本では？

1953(昭和28)年1月に早川電機工業(現在のシャープ)が、国産初のテレビを17万5000円で発売しました。同年2月には、NHKが日本初のテレビ本放送を東京で開始。早速、クイズ番組『ジェスチャー』の放送が始まるなど、本格的なテレビ時代の幕が上がります。

のソ連の人口は2億人以上いたと見られます。歴史上、これほど多くの犠牲者の上に君《くん》臨《りん》した人物は、ほかにいませんでした。

スターリンの死を受け、共産党内ではゴタゴタが起こりますが、6カ月間ゲオルギー・マレンコフが暫定的に首相を務めたあと、最終的にウクライナ人のニキータ・フルシチョフが後継者となりました。

フルシチョフがソ連の最高指導者の地位にあたる「共産党第一書記」に就任したとき、すでに60歳の手前でした。スターリンの独裁に対する反省から、マレンコフやヴャチェスラフ・モロトフらとの集団指導体制を採用します。

スターリンはダメだった！

フルシチョフは１９５６年の第20回共産党大会で、スターリンが独裁者であったこと、第二次世界大戦で作戦に失敗したことなどを報告します。これは公開されない「秘密報告」でしたが、内容はすぐに世界各国に伝わりました。

フルシチョフは、スターリンの指示で投獄されていた人々を釈放し、処刑された人々の名誉も回復させました。コミンフォルムも、この年に解散します。

フルシチョフによる「スターリン批判」は、東側陣営（社会主義諸国）に大きな衝撃を与えました。

ソ連の指導でない独自の社会主義をめざしていたポーランドやハンガリーは自由化や民主化を求め、さらにそれまでの反ソ感情が爆発。反ソ暴動になりますが、急進化したハンガリー市民の動きはソ連軍に鎮圧され、ポーランドは独自に収拾をはかりました。

地球はどうだった？

フルシチョフが最高指導者の地位にあった時代、ソ連では科学技術がめざましい進歩をとげました。とくに宇宙開発ではアメリカをしのぐ、大きな成功を収めます。

１９５７年、ソ連は世界で初めて、人工衛星の打ち上げに成功しました。また、１９

６１年には、初の有人宇宙船の打ち上げにも成功します。

このときガガーリンが宇宙から帰還したときの言葉として、「地球は青かった」がよく知られます。ただし、報道各社がはしょって翻訳《ほんやく》したもので、実際は「空は非常に暗かった。地球は青みがかっていた」だったとされます。

また、１９６０年には、ソ連はソ連領空内を飛んでいたアメリカの偵察機《ていさつき》を撃墜《げきつい》し、パイロットを捕まえたことを発表しました。ミサイル技術でもソ連の優位性を示し、アメリカに大きな屈辱も与えました。

核戦争の危機⁉

アメリカとの政治的な対立が、ピークを迎えました。ソ連からははるか離れたカリブ海のキューバで、１９５９年フィデロ・カストロが革命に成功し、社会主義国家の樹立を宣言します。フルシチョフはカストロに近づき、支援を約束しました。

そして、1962年キューバでミサイル基地が建設されていることを、アメリカの偵察機が発見します。ときの大統領ジョン・F・ケネディは、撤去するよう要求しました。これに対して、フルシチョフは要求を拒否します。ついにソ連とアメリカによる戦争が起こるのか、と世界が注目しました。

しかし、フルシチョフはケネディと何度か意見の交換を行い、ミサイルの引き上げを約束しました。一触即発《いっしょくそくはつ》の海上封鎖の危険を冒《おか》してまでアメリカがソ連に抗議、抵抗したことで、世界は核戦争の危機をまぬかれました。

1963年には、ソ連とアメリカ・イギリスの間で部分的核実験停止条約が結ばれ、ワシントン・モスクワ間に直通の電話回線が設置されます。こうして、東西対立の緊張が少しずつときほぐされていきました。

ただし、ケネディはこの年に暗殺され、フルシチョフも外交でもっとソ連の強さを示すべきだとして、ソ連指導部内で批判されるようになりました。派手な実績を残したフルシチョフですが、農業や工業を活性化させるための政策においては、大きな成果を得られませんでした。とくに経済政策の評判が悪く、翌年に解任されました。

中国と仲たがい

フルシチョフが解任された原因は、さらにもうひとつありました。それは、中国との関係悪化です。

そもそも中国は、1949年に共産党が成立させた社会主義国家です。ソ連とは早くから友好関係にあり、1950年には中ソ友好同盟相互援助条約を結び、軍事的にも結びつきを深めていました。朝鮮戦争でもともに北朝鮮を助けています。

ところが、フルシチョフが「スターリン批判」を行った際、中国が反対し、以後対立を深めました。中国はスターリンを「偉大な革命家」と評価していました。共産党の独裁による社会主義国家としてスタートした中国にとって、スターリンは理想の指導者でした。これに対しフルシチョフは、中国の人民公社を批判します。

対立が決定的になったのは、1958年、中国が台湾領の金門島《きんもんとう》・馬祖《まそ》列島を攻撃したときのことです。台湾は親米国家のため、ソ連はアメリカとの戦争に巻き込まれることを危惧《きぐ》して、介入しませんでした。1960年、フルシチョフは中国に派遣されていたソ連人の技術専門家を引き上げさせ、中国との関係は冷え切りました。フルシチョフはこのことについても、共産党内で批判を浴びたのです。

1960年代に起こったベトナム戦争でははじめアメリカに対抗すべく、ソ連と中国はベトナム民主共和国を支援していました。しかし、ニクソンが中国を訪問し、両国の友好（対立から和解）を確認したため、ソ連と中国はさらに対立を深めていきます。

結局は独裁者

フルシチョフの失脚後、共産党第一書記に就任したのは、レオニード・ブレジネフです。ウクライナの金属工場労働者の家に生まれたブレジネフは、保守的な人物で、フルシチョフが批判したスターリンの名誉回復をはかろうとして、「スターリン批判」を見直そうとしたのです。

フルシチョフも独裁傾向にあったことから、その失脚後、党の第一書記と首相の兼任は禁止されます。ブレジネフは第一書記になり、首相はコスイギンを任命し、集団指導体制を始めました。しかし、彼もやがてスターリンとはちがう形で独裁化していきます。

スターリンは反対派を処刑したり、収容所送りにしたりしました。ブレジネフは党の人事でしばしば役職を変更して、ひとりの人間に権力が集中することを防ぎました。

ブレジネフの実績としては、その名がついた「ブレジネフ・ドクトリン」という政策方針があります。

きっかけは、1968年にチェコスロバキアで起こった自由化を求める運動でした。共産党独裁への不満が高まり、民衆がデモを起こしたのです。これを「プラハの春」といいます。

東欧諸国ではソ連につきしたがうのでは

なく、独自の政策を求める声が高まっていました。経済相互援助会議（コメコン）で、加盟国の産業分担を決めていたことも、不満をためる要因となっていました。

しかし、自由化を嫌うポーランドや東ドイツなどのワルシャワ条約機構軍が、チェコスロバキアに入り、全土を制圧します。

9月28日、運動が拡大するのをおそれたブレジネフは、「社会主義共同体の利益のためには、一国の主権が制限されることもありえる」という原則を発表しました。

1970年代に入ると、東欧諸国では自由化を求める運動がことごとく抑圧され、ブレジネフは世界で批判されるようになりました。また、同盟国に対して、その支配者であるかのようにふるまったため、ソ連の印象が悪くなりました。

雪どけの季節

ブレジネフの時代になると、維持のために莫大《ばくだい》な費用がかかるため、ソ連・アメリカともに核兵器を持ち続けること自体が重荷になってきました。しかし、国家の力を示す軍事力として手放すこともできませんでした。

中国が1967年に水爆実験を成功させるなど、軍事力をつけてきたこともあり、アメリカなどの西側陣営と対決しつつも、もう一方で平和共存とデタント（緊張緩和）という二面的な外交が展開されます。

ソ連はアメリカと戦略兵器制限交渉を続け、1972年に、おもに戦略ミサイルの数を制限することで軍縮を実現するSALTⅠの締結に合意しました。

この条約で、ソ連はICBM（大陸間弾道ミサイル）1410基、SLBM（海上・海中発射弾道ミサイル）950基とし、アメリカはICBM1000基、SLBM710基とします。たがいに先制攻撃を自制しあうということになりました。

同年、東西ドイツ基本条約が締結され、ヨーロッパ内では敵対する国家がなくなり、ソ連も同意して、1975年、ヘルシンキで全欧安全保障協力会議が開かれました。こうしてヨーロッパの火種はなくなります。

アフガニスタンで大失敗

ヨーロッパで平穏なときが流れるなか、1978年にアフガニスタンでソ連の後押しをうけた政権が誕生します。その政権は、貧しい農民に土地を分配しようとしました。ところが、土地や利益を失う地主は不満を大きくし、反対派が反乱を起こします。

ソ連は軍隊を送り、反乱を抑えようとしました。それに抵抗したのが、ムジャヒディーン（「聖戦を実行する戦士」の意味）です。ムジャヒディーンには、イスラム教徒のゲリラ組織が参加していました。

この戦争でアフガニスタンのイスラム教徒に敗れると、ソ連の中央アジアにおける支配に影響が出ます。そのためアフガニスタンから簡単に手を引くわけにはいきませんでした。

ソ連はゲリラに苦戦し、アメリカがヴェトナム戦争で経験したように国内外から非難されました。その影響から、1980年のモスクワオリンピックでは、アメリカや日本

そのころ、日本では？

モスクワオリンピックが開催された1980（昭和55）年、プロ野球で読売ジャイアンツ（巨人《きょじん》）の王貞治《おうさだはる》選手が現役最後となる868本目のホームランを打ちました。王選手はこの年に現役を引退後、巨人の助監督に就任。通算本塁打数868本は、現在も破られていない世界最多記録です。

などが出場をボイコット。その次のロサンゼルスオリンピックでは、ソ連など東側諸国が出場を辞退しています。

10年にわたる戦闘のすえ、ソ連はゲリラを追い出すことができないまま、1989年に撤退しました。ソ連の死者は1万人以上にのぼります。

このアフガニスタン戦争の期間中、ブレジネフが死去しました。続いてアンドロポフと、彼が病気で執務《しつむ》困難になったため継承したチェルネンコによる政権がロシアの政治を行います。

ペレストロイカ!

1985年、共産党の重鎮《じゅうちん》グロムイコの推薦によって、共産党の書記局員だったゴルバチョフが書記長になりました。レーニンの死去から60年以上、ソ連誕生から63年が経っていました。経済は低迷し、政府内には汚職が広がっており、体制を変える必要がありました。

1986年、キエフに近いチェルノブイリ原子力発電所で、原子炉《げんしろ》が爆発しその建屋が壊れると、放射能がヨーロッパ各地に拡散されました。周辺住民をはじめ、事故処理に当たった人にも多くの被害が出る大事故となりました。

事故の情報がすぐにゴルバチョフのもとに届かず、被害が拡大したことがわかると、情報公開（グラスノスチ）の重要性が認識され、ソ連の言論・ジャーナリズムが活発化しました。

ゴルバチョフの政策は、レーニン、スターリン、そしてマルクスなどソ連指導者のあり方すべてを見直していくことでした。これをペレストロイカ（建て直し）といいます。さらには西欧の自由主義を取り入れるのか、という論争まで起こりはじめます。ただし、まとまりがつきませんでした。

まず、ゴルバチョフは経済政策に手をつけます。

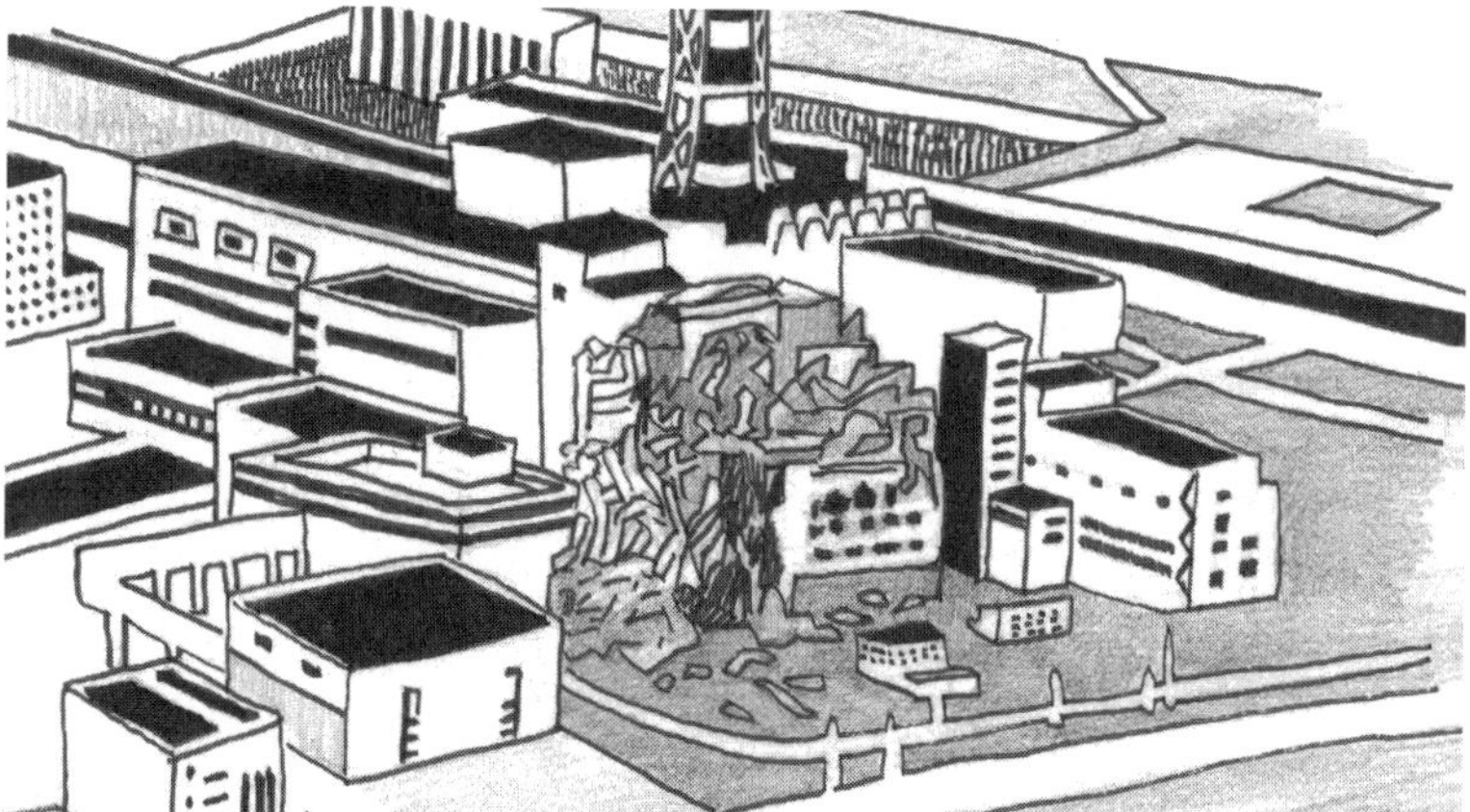

個人営業を認めることから始まり、市場経済原理（社会主義国における、規制を設けずに自由に経済活動ができる、資本主義的な原則）を拡大していきました。

ところが、それまで利権を握っていた官僚たちや、それを求める起業家たちの間で対立が激化しました。

冷戦、おしまい

ペレストロイカには「新思考」という方針がありました。アメリカとの対立を前提とする外交ではなく、日本やヨーロッパ、中国、さらに新興国などと広く関係を築きあげていこうとしたのです。

ゴルバチョフはブレジネフ・ドクトリンを廃止し、東欧に対する政治への干渉を弱めました。こうした姿勢をみせるゴルバチョフに対し、東欧各国の首脳はためらいましたが、一般民衆は歓迎しました。

1989年、ポーランドで非共産党内閣が選挙によって発足し、共産党の独裁体制が崩れました。さらに5月、ハンガリーがオーストリアとの国境を解放すると、ハンガリー在住のドイツ人がウィーンの西ドイツ大使館に駆け込みました。いずれも、これまでソ連が「同盟国」と言いながらも、東欧の国々をおさえつけていたことがよくわかるエピソードです。

ポーランドやハンガリーの動きに合わせ、チェコスロバキアやブルガリア、ルーマニアなどでも、民主化を求める声が大きくなり、その要求が実現されていきます。これを東欧革命といいます。

こうした動きが続いた1989年、ゴルバチョフは外交関係を改善するため中国を訪問しました。翌年には韓国とサンフランシスコで会談し、国交を樹立しています。

ソ連と中国との関係は、スターリン批判に始まる中ソ論争以来冷え切っており、国境で武力衝突が起こったこともありますが、ゴルバチョフからの首脳会談の申し出を鄧小《とうしょう》平《へい》が受け入れ、両国関係は改善に向かいます。最大の懸案であった国境問題も1994年に協定が結ばれ、解消に向かいました。

1989年、外交でもっとも重要なできごとがありました。ゴルバチョフがアメリカ大統領ブッシュと地中海のマルタ島で会談をしたのです。

両者はここで「冷戦」の終了を確認し、米ソ関係は新時代に入りました。

1990年、現体制を維持しながら改革を進めたいゴルバチョフは、大統領制を採用します。独裁的権力を使ってもさらなる改革を進めようとしますが、体制を維持したい保守派と、改革を強く求めるエリツィンを中心にした急進派と対立が激しくなっていきました。

1991年には、ソ連とアメリカはともに戦略兵器削減条約（START）に調印します。

この条約で、両国は、戦略核弾頭数をそれぞれ6000個に制限したほか、大陸間弾道ミサイル（ICBM）や潜水艦発射弾道ミサイル（SLBM）、戦略爆撃機などの運搬手段を最高1600基に制限することを約束し、2001年、両国はそれを実現したことを発表しました。

そのころ、日本では？

冷戦が終結した1989（昭和64）年1月7日、昭和天皇が崩御《ほうぎょ》し、皇太子明仁親王《あきひとしんのう》が即位しました。小渕恵三《おぶちけいぞう》内閣官房長官が記者会見を行い、新元号を「平成」と発表。昭和64年は、わずか7日間で終わります。以後、平成時代は2019年4月30日まで続きました。

ひみつコラム

世界2位の軍事国家ロシア

一時は軍備を大幅に縮小するも、強国に大成長

ロシアの軍事力は、ソ連が解体されていくにつれ大幅に削減されていきました。にもかかわらず、現在では成長を続け、2020年現在、アメリカに次ぐ世界2位です。

もともとロシア帝国は、科学技術において後進国でした。兵器は使いやすいとはいえず、モデルチェンジがあまりなく新旧品が入り混じり、種類が多く整備も大変でした。

ソ連時代、長らく陸軍国だった伝統を受け継ぐ地上戦では、戦車が最大の武器でした。1960年代末には、核兵器の開発がアメリカに追いつきます。また、ソ連は世界最大の潜水艦能力を持っており、戦力はアメリカの約3倍とも言われていました。

空軍の戦闘機は伝統的に簡素で軽量化され、同程度のアメリカ機より速度や上昇限度は優れているものの、滞空能力や兵装で劣っていました。軍艦は、アメリカより小型、高速、重武装でしたが、アメリカに近い大型で火力の強い軍艦の製造が進みます。

現在のロシアの軍事力

１９９８年以降、軍備は大幅に縮小。１９９２〜１９９６年の間に兵力は2分の１になりました。軍の予算も激減し、他国に比べてテクノロジー面で大きく遅れはじめます。

それでも原子力などによって軍事力は世界第2位に。プーチン大統領は「誰もロシアに対して大規模な行動をしかけようとは思わないだろう」と言ったそうです。

また、ロシアといえば「カラシニコフ銃」が有名です。性能が高く構造が単純で、頑丈なため、広く普及しました。メーカーの「イジマシ」による製造数は約７０００万丁。非正規品も大量に出回り、紛争《ふんそう》やテロで使われました。しかし欧米のハイテク製品に押され、２０１２年、イジマシは倒産しました。

知れば知るほどおもしろいロシアの偉人⑦

ノーベル賞を逃した不遇の詩人

パステルナーク

Boris Leonidovich Pasternak

（1890 ～ 1960）

熱烈《ねつれつ》に愛された作品『ドクトル・ジバコ』を生む

第1次世界大戦とロシア革命の波乱のなかを生きた男女の愛の物語『ドクトル・ジバコ』を書いたのが、詩人であり作家のパステルナークです。

モスクワのユダヤ系芸術家の家に生まれ、作曲家を志すも挫折し、モスクワ大学歴史・哲学科に進学します。1914年に処女詩集『雲の中の双生児《そうせいじ》』を出し、1922年の『わが妹　人生』で独自の作風を確立し、「新しい言葉」と評価されました。

1920年代の作品では革命と個人の運命について語られるようになり、第二次世界大戦後、創作に打ち込んだ結果、『ドクトル・ジバコ』が生まれ、1958年にはこの作品でノーベル賞を授与されることになります。しかし、受賞すればロシアから亡命しなければならず、辞退します。2年後、不遇《ふぐう》のうちにモスクワ郊外で亡くなりました。今なお、熱烈な愛好者がいる作家です。

chapter 8

現代のロシア

ソ連のなかのロシア？

ソ連が崩壊する1990年から1991年にかけて、目まぐるしく事態が動いていきました。

ゴルバチョフ連邦大統領が就任した2カ月後、ロシア共和国（旧ロシア・ソヴィエト連邦社会主義共和国）の議会選挙で、ボリス・エリツィンが議長に就任しました。エリツィンは、非共産党系の民主派グループなどの支援を受けて権力を握ります。

つまり、ソ連のなかでもっとも力を持つロシア共和国が、みずから政治・経済を行うことになったのです。ソ連全体ではなく、自分たちロシアのことを中心に考えるという方針を宣言したとも言えます。

1991年6月、エリツィンはロシア共和国大統領となりました。中心的な存在であるロシアが大きな権限を持ったことで、ウズベキスタン、ウクライナ、カザフスタンなども独立して主権を宣言します。ソ連の存在意義はますます薄れていきました。

8月、ゴルバチョフは「ソ連は主権を持つ共和国の連合である」という苦しまぎれの新連邦条約をまとめました。これに共産党の一部が反発し、同月19日にモスクワでゴルバチョフの失脚をねらったクーデターをはかります。

しかし、一般民衆や知識人、学生、さらには聖職者を含めた多くの市民はクーデターに反対しました。

エリツィンも共産党の言い分を認めず、体を張って抵抗し、クーデターは失敗に終わりました。

直後にエリツィンは共産党の活動を停止させる大統領令を出し、ゴルバチョフは書記長を辞任します。12月に共産党は解散しました。

翌月、ロシア連邦共和国とウクライナ、ベラルーシが独立国家共同体（CIS）という新しい国家の連合体の設

立を決めました。そして、12月25日、ゴルバチョフが大統領を辞任し、ソ連はついに消滅したのです。

新しく成立したCISは、完全に独立を果たしたバルト3国とジョージア（グルジア）を除き、ソ連の領土をほぼ引き継ぎました。CISでは、構成する各国の元首による国家元首協議会が設置され、エリツィンが議長を務めました。

ソ連とは何だったのか

ソ連の最期はドタバタでした。第二次世界大戦後、アメリカに唯一対抗できる大国であったにもかかわらず、国としてうまくいかなかったのはなぜでしょうか。

そのポイントはふたつあります。ひとつは、領土が広大すぎたことです。その広い領土には多くの民族が居住していました。彼らはみんなロシア人によって征服され、支配されてきました。ロシア人の支配を喜んでいる民族はほとんどなく、「いずれは独立を」と考えていたのです。

1991年にゴルバチョフの失脚をねらって共産党の保守派がクーデターをはかった

チェチェン・イングーシ共和国の位置

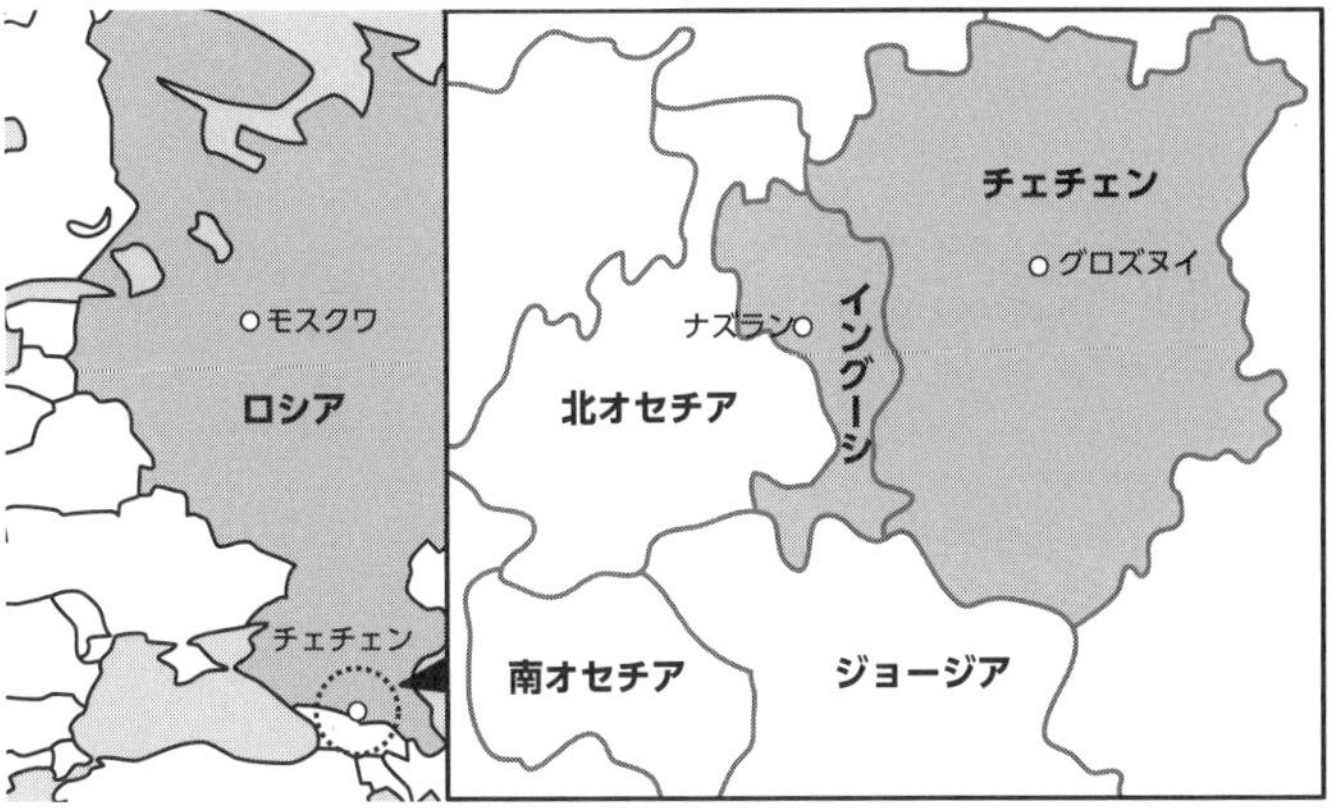

際、コーカサス地方のチェチェン・イングーシ共和国が独立宣言を発しました。

エリツィン大統領は、チェチェンのような動きがほかの民族でも起こることをおそれて、独立を認めませんでした。このとき、親ロシア派だったイングーシ人が宣言に反対し、チェチェンとイングーシは分離します。

さらにチェチェン内部の親ロシア派も独立に反対し、対立は深まりました（チェチェン紛争）。このあとチェチェンは、ロシアにおける紛争の火種となっていきます。

さて、ソ連がうまくいかなかったもうひとつの要因は、社会主義を中途半端に実現しようとしたことです。

ソ連は社会主義をかかげ、共産党の指導のもとで経済活動を続けてきました。社会主義体制を維持するために、巨大な官僚機構をつくり上げますが、それは機能を十分に果たすことができませんでした。

ソ連の官僚たちは、自分に与えられた義務を果たしたら、それ以上のことには手を出さず、無責任な体制となっていました。

社会主義の実現以前に、国の統治がうまくいかなかったのです。

変わる生活スタイル

ロシア連邦の初代大統領となったエリツィンは、1992年から新たな改革をスタートします。とくに力をそそいだのは、経済の自由化でした。

そのころ、日本では？

ソビエト連邦が崩壊した1991（平成3）年、ペルシャ湾での機雷の除去作業に海上自衛隊が派遣されます。国内には反対の声もありましたが、湾岸戦争に自衛隊が参加しなかったことへの国際世論の批判が強まったことから、日本政府は派遣を実地しました。

ソ連時代に国が決めていた物品の卸売価格や小売価格を、企業が自由に決められるようにしたり、海外との貿易を自由に行えるようにしたりしました。

海外との貿易がさかんになると、西側の商品が入ってきます。新しい「サービス」は、物を買うときに行列を当たり前のようにつくっていたロシア人の意識を大きく変えることになったのです。

象徴的な例がマクドナルドです。モスクワに1号店ができたとき、その手際のよいサービスに、モスクワの人々は驚き、また夢中になってハンバーガーをほおばりました。

小説をはじめとした出版物も入ってきて、西

欧文化を目《ま》の当たりにしたロシア人の生活は変化していきました。社会主義の時代には個人の自由が認められず窮屈《きゅうくつ》な暮らしを強いられましたが、少しずつ趣味を楽しめるようになったのです。

一方で、西側世界の製品が売れることで、国内企業はふるわず、物価も急激に上昇します。税収が下がったことで財源が不足し、住宅や教育関連のサービスの質が低下していきました。

農民や労働者は生活が苦しくなると、ストライキや不買運動を起こしました。比較してみると、不便で貧しかったけれどのんびりしていたころをなつかしむ声も出てきます。そしてロシア国民は、「新しい社会に対応するには、抗議だけでは解決できない」と考えるようになりました。

かつての社会主義体制下では、地方の発展が重視されていました。しかし、ソ連が崩壊してすぐ、エリツィンが集団制の農業を廃止します。これによって、人々は農業から離れて都市へと向かいました。すると、ロシア系住民と非ロシア系住民の対立も生まれていきました。

エリツィンの10年

史上初めて成立し、曲がりなりにも70年あまり続いてきた社会主義政権が崩壊したため、その後、どのような社会をつくるべきなのか、支配者にとっては暗中模索《あんちゅうもさく》が続きました。

経済的に、社会主義に対する言葉は資本主義です。資本主義社会では、物をつくって売ることから始まり、すべての経済活動は「自由」に行えるのが建前です。一方、社会主義国家のロシアでは、ゴスプランの指導のもとで統制的な経済活動が行われました。

1992年1月に卸売《おろしうり》価格と小売価格の自由化、あわせて外国貿易の自由化と規制の撤廃、ルーブルと外貨の交換が行われます。しかし、労働者は自分に与えられた義務だけ果たせばいいという気持ちを持ち続け、社会全体を豊かにしていこうという気持ちは生まれてきませんでした。

エリツィンは社会主義体制が崩壊して、多くの人々が新しい社会への展望もはっきりしていないときに、自由な資本主義経済を導入したのです。

ソ連時代の高級官僚のなかには、時代の変化を先取りして大きな利益を集める人もいましたが、多くの庶民は変動のなかで右往左往しているうちに10年もの時間を過ごしてしまったといえます。

エリツィンは、結局ロシア市民の期待にこたえられませんでした。

後継者はプーチン

エリツィンは1999年末、突然大統領職を辞任します。体調不良のほか、いろいろな事情があったとみられています。そのひとつに新興財閥《しんこうざいばつ》（オルガルヒー）との癒着《ゆちゃく》という問題がありました。

ソ連末期、ゴルバチョフのころ、経済活力への規制が緩和される過程で有力者がわいろなどでその権益を獲得し、新興財閥が生まれました。天然ガスや石油のような国家資産を引き継いで成立した大きな企業や、軍産共同体（軍隊と結びついた巨大企業）をもとに成立した巨大な財閥が、経済や政治にも口を出すようになっていました。

この汚職が明かされて失脚するのを避けたいエリツィンが、自分を守ってくれる人物に政権を譲《ゆず》ったともいわれています。その人物は、首相になったばかりのウラジーミル・プーチンでした。

プーチンは1952年、レニングラード（現在のサンクト・ペテルブルク）に生まれました。レニングラード大学で学び、卒業後はスパイ活動を主要任務とするKGB（ソ連国家保安委員会）に入ります。

1990年にKGBを退職して以降、レニングラード大学の学長補佐官を務めたのち、政治の世界に入りました。1999年、KGBの後身であるFSB（ロシア連邦保安庁）の長官に就任しています。長官時代にエリツィンの汚職を調べていた検事総長を失脚させ、クーデターを未然に防ぎました。

辞任するエリツィンから大統領代行に任命されたプーチンは、２０００年3月のロシア連邦大統領選挙に出馬し、第二代大統領となりました。

ロシアか、反ロシアか

就任早々、プーチンは新興財閥のひとりで石油資本のユーコス石油会社を手にして巨大な利益を得たミハイル・ホドルコフスキーを逮捕するなどして特権を奪い、影響力を弱めます。逆に忠誠を誓う企業を優遇し、企業や財閥との交友関係を密《みっ》にして、共存をはかりました。

さらにプーチンは、ソ連崩壊後ずっと続いていたロシア社会の混乱を収めるために動きます。まったく無名の存在でしたが、国家体制の強化に力を入れつつ、さまざまな国と交流して、ロシアの新路線をアピールしました。

現在のロシアは、複数の政党が認められています。ロシア連邦が発足した当時は、全ロシアの有力者が組織した政党「祖国・全ロシア」が有力でした。これに対抗したエリツィン支持者が組織した「統一」をプーチンが継承しました。

堅実で実利的な政治姿勢で支持者を増やしたプーチンは、地方の有権者の集まりで、組織力を欠いていた「祖国・全ロシア」を2001年に吸収合併し、「統一ロシア」というひとつの政党とします。こうして、プーチンの支持基盤が成立しました。政策は大統領とその周辺の人物によって決めており、事実上は独裁とも見られました。

この年、アメリカで同時多発テロが起こります。チェチェン人のテロに悩まされていたロシアは、反テロリズムのためアメリカと歩調を合わせることを表明しました。このことからロシアは先進国首脳会議への参加が認められました。ただし、ロシアはチェチェンに対して圧力を加え、アメリカはその動きを強く警戒するようになります。

以後、アメリカとの関係はテロを共通の敵として友好的となっていきました。しかしウクライナ問題でのアメリカの反ロシア的態度を見て、アメリカとの関係は変化しはじめています。

こうした状況のなか、2002年10月、モスクワの劇場をチェチェンの急進的独立派が占拠するテロ事件が起こります。

その後も2006年にかけてテロ事件は連続しますが、プーチンは多くの犠牲者を出したものの一連の事件を鎮圧しました。国際社会から非難の声が上がっても、ロシアはチェチェンの独立を認めませんでした。

激動の2008年

プーチンは、2期8年の大統領の任期を終えて2008年に退任します。後継者として育てていたメドヴェージェフが大統領に選出されると、プーチンは首相となりました。つまり、政治の主導権は握ったままでした。

メドヴェージェフ大統領が就任して間もなく、コーカサス地方で新たな紛争が起こりました。

この地方は、19世紀にロシア帝国に併合されていました。しかし、非ロシア人が多いため、その支配を素直には受け入れていませんでした。先に紹介したチェチェンは、コーカサス山脈の北側に位置します。

ロシアに反旗《はんき》をひるがえしたのは、コーカサス山脈の南に住むジョージア（グルジア）人でした。

2008年のコーサカス地方

ジョージアはソ連崩壊直前に独立国となっており、CISのメンバーではありません。ところが、内部に親ロシア的民族がいたため、問題は複雑になります。

2008年8月、黒海に面したアブハジアやコーカサス山中の南オセチアの人々が、反ジョージア的でロシアと切り離されるのを嫌って、ジョージアと開戦しました。

ロシアが南オセチアに加勢すると、ジョージアはロシアとも開戦し、紛争に発展します。EUが間に入って停戦すると、南オセチアとアブハジアは事実上の独立国家となり、ロシアはそれを認めたものの軍を残しました。

現在も南オセチアとアブハジアは国際的に

は未承認の国家であり、孤立した状況が続いています。

さらにこの年は、世界金融危機が起こり、その影響でロシアにも不況の波が押し寄せました。とくにロシア経済において命綱ともいえる原油価格が大幅に下がると、プーチンは首相として石油輸出依存《いぞん》からの脱却対策のため、産業の育成がはかられましたが、これは必ずしも成功していません。

いつまで続く？ プーチン時代

2008年末、プーチンは首相の立場から憲法改正などを行って、大統領任期の延長を図りました。そして2012年3月の大統領選に、プーチンがふたたび出馬します。国内では、「ツァーリの再現・専制君主」であると反対する声もありました。

しかし、景気が回復してきたこともあり、また経済面で欧米へ対抗するためにも、強いリーダーが必要であるとしてプーチンを望む声が多数を占めました。

再選したプーチンは、愛国主義や宗教なども利用するなど、強引ともみられる手法で、政策を実行していきます。なかでも国際的な批判をあびたのは、ウクライナへの対応でした。

とくに2014年、プーチンはロシア軍をウクライナへ派遣して、クリミア半島を併合します。アメリカ大統領のオバマやイギリスのキャメロンなどはこれを強く非難し、ロシアは各国から経済制裁を受けました。

2016年、ドナルド・トランプがアメリカ大統領選に立候補すると、選挙期間中にプーチンの政治手腕をほめたたえました。

トランプはオバマとは真逆の「アメリカ・ファースト」の言葉が示すような、協調よりも国益第一の政策

をかかげています。

独裁者と言われながらも、強いリーダーシップを見せるプーチンに、親近感を持っているのかもしれません。実際、選挙期間中にトランプにはロシアに関連する選挙不正疑惑（ロシアゲート）が問題になりました。

ただしプーチンは、トランプが大統領に就任して以降、たびたびアメリカを批判するコメントを出しています。

ロシアのこれから

世界の歴史を見ていると、ロシアに限らず強力な権力者が出現したときに大きな変革が実行され、経済が発展していく傾向があります。そして20世紀以降は、ほとんどの国が自由や平等を求めて民主主義や資本主義へと移行して、現在に至っています。

しかし、ロシアだけはまったく異なる歴史を歩み続けています。革命でツァーリ体制を壊したあと、指導者たちが建設したのは社会主義国家でした。

そして第二次世界大戦が終わっても、社会主義の実現を求めるエリートたちが独裁者となって国を動かしました。その社会主義がくずれても、強い権力を持ったリーダーによる政治が続いています。

たしかに近年は、民主主義が理想の政治であるかどうかについてきびしい意見もあり、資本主義の先進国でも社会主義に再注目する学者が増えています。

一方で、ロシアと諸国の間では、領土をめぐって対立が続いています。

日本との関係では、第二次世界大戦を終結させたポツダム宣言を日本が受諾したのち、ソ連が占領した北方領土問題があります。

1956年の日ソ国交回復以来、長い返還交渉が続いていますが、この間、ロシア人の入植者も多く、事は簡単には進みません。プーチン政権も、日本の4島（択捉島、国後島、色丹島、歯舞群島）全面返還要求を受け入れず現在に至っています。

また、ヨーロッパ諸国は、ロシアによるクリミア半島併合に神経をとがらせています。1954年、フルシチョフはウクライナとの関係の強化のため、クリミア半島の帰属をウクライナに認めたことが始まりです。問題は、この地域にロシア人が移住してきていたことでした。

そして2014年、彼らのロシア人意識の高まりを背景に、プーチンがクリミア半島を強引に併合しました。このような強引な領土変更は国際的にも波紋を呼びます。先進国首脳会議に招かれるようになっていたロシアは、それから排除されました。

なお、クリミアの占拠に反対する国連総会での議決案をロシアは拒否しますが、中国は棄権《きけん》票を投じました。

2020年、ロシアで国民投票が行われ、プーチンは2036年まで続投することが可能となりました。

2022年2月、プーチンはウクライナに軍隊を送り込みました。ウクライナはロシアの国家が始まった場所でもあり、そこがNATO加盟など西側に接近するのが許せなかったのです。この決断に対し、国内外で戦争反対の声が大きく、問題解決は簡単ではないでしょう。

そのころ、日本では?

2040年、日本の総人口は現在から約1500万人減り、1億1092万人になるといわれています。総人口の減少に加え、地方から都会へ人々が流出し続けるため、とくに地方の人口が減ります。秋田県では、2045年までに現在の約4割の人口が減ると予測されています。

エストニア生まれの人気力士

カイド・ホーヴェルソン

Kaido Hoovelson

(1984 〜)

大きな体と豪快《ごうかい》な戦いで魅了《みりよう》した相撲界の寵児《ちようじ》

元大相撲力士・元大関で、把瑠都凱斗《ばるとかいと》の名で知られ、強さと温かな人柄で相撲ファン以外にも愛されています。

ソ連統治下にあったエストニア共和国の農家に生まれ、スポーツ学校で柔道を学びながらも相撲に興味を持ちます。高校3年生で相撲大会に出場した際、来場していた日本人に誘われて19歳で来日。三保ヶ関《みほがせき》部屋に入門し、「把瑠都」の名で力士となります。

2004年の初土俵からスピード出世を果たし、2010年に大関に昇進しました。身長198cm、体重189kgの体格による豪快な取り組みで観客を魅了し、2012年初場所で初優勝を果たします。祖国エストニアでも相撲ブームを巻き起こしました。

しかし、2013年に膝《ひざ》のけがのため引退します。日本でのタレント活動を経て帰国し、2019年には国会議員に当選し、政治家として新たな人生を歩んでいます。

ロシアの歴史 年表

この年表は本書であつかったロシアを中心につくってあります。
下段の「世界と日本のできごと」と合わせて、理解を深めましょう。

年代	ロシアのできごと	世界と日本のできごと
4~6世紀	スラヴ系民族がロシア方面へ移動開始	世界 ゲルマン人の大移動開始（375）
900前後	キリル文字が考案される	世界 フランク王国分裂（843）
862ころ	ロシア初の国家が成立	日本 応天門の変（866）
882	オレーグがキエフを占領（キエフ・ルーシ成立）	日本 遣唐使の廃止（894）
912ころ	リューリクの息子イーゴリの治世	世界 ドイツ王国成立（911）
945	イーゴリの息子スヴャストラフの治世	世界 神聖ローマ帝国成立（962）
973	スヴャストラフの長男ヤロポルクの治世	日本 安和の変（969）
980ころ	スヴャストラフの三男ウラジーミルの治世	世界 太宗が中国統一（979）
988	ウラジーミルがキリスト教を国教として採用する	世界 カペー朝が始まる（987）
1019	ウラジーミルの息子ヤロスラフがキエフ大公となる	日本 藤原道長が摂政に（1016）

1113	ウラジーミル・モノマフがキエフ大公となる	世界 第1回十字軍（1096）
1237	「タタールのくびき」を受けはじめる	日本 御成敗式目が制定される（1232）
1240	アレクサンドル・ネフスキーがスウェーデン軍を破る	世界 キプチャク・ハン国成立（1243）
1380	クリコヴォの戦い	世界 明が建国（1368）
1462	イワン3世がモスクワ大公になる	世界 ビザンツ帝国滅亡（1453）
1480	「タタールのくびき」終わる	日本 加賀の一向一揆（1488）
1533	イワン3世の孫イワン4世（雷帝）、3歳で即位	世界 インカ帝国滅亡（1533）
1547	イワン4世、ツァーリとして戴冠	日本 鉄砲伝来（1543）
1598	リューリク朝断絶	世界 ナントの勅令（1598）
1613	ミハイル・ロマノフがツァーリに（ロマノフ朝の成立）	日本 大坂夏の陣（1615）
1649	会議法典の成立	世界 三十年戦争が終結（1648）
1654	十三年戦争でポーランドと交戦する	日本 慶安の変（1651）
1670	ステンカ・ラージンの乱	世界 清の康熙帝が即位（1661）
1689	ピョートル1世が単独皇帝となる	世界 フランドル戦争（1667〜1668）
1697	西欧へ大使節団を派遣する	世界 第二次百年戦争が開始（1689）

年代	ロシアのできごと	世界と日本のできごと
1700	スウェーデンと北方戦争が始まる	世界 プロイセン王国成立（1701）
1703	サンクト・ペテルブルクを建設し、モスクワから遷都	世界 スペイン継承戦争（1701〜1713）
1709	ポルタヴァの戦いでスウェーデンに勝利	日本 赤穂事件（1702）
1721	ピョートルがロシア帝国の皇帝となる	世界 ユトレヒト条約（1713）
1725	ピョートル1世死去、エカチェリーナ1世即位	日本 徳川吉宗が目安箱を設置（1721）
1757	七年戦争に参加	世界 オーストリア継承戦争（1740〜1748）
1762	エカチェリーナ2世即位	世界 産業革命が始まる（1760ころ）
1768	露土戦争（1回目）開始	日本 明和事件（1767）
1772	第一次ポーランド分割	世界 ボストン茶会事件（1773）
1773	プガチョフの乱が始まる	世界 フランス革命（1789）
1796	エカチェリーナ2世死去、パーヴェル1世即位	日本 蝦夷地の直轄化（1799）
1801	パーヴェル1世が殺害され、アレクサンドル1世即位	世界 アミアンの和約（1802）
1805	第3回対仏大同盟に参加、アウステルリッツの三帝会戦	日本 ナポレオンが皇帝になる（1804）
1812	ナポレオンにモスクワを制圧される	世界 神聖ローマ帝国滅亡（1806）

1816	救済同盟が発足	世界 ウィーン体制成立（1815）
1825	デカブリストの乱	日本 天保の大飢饉（1832）
1837	ロシア最初の鉄道開通	世界 清で太平天国の乱が起こる（1851）
1853	クリミア戦争が始まる	日本 ペリーが浦賀に来航（1853）
1855	ニコライ1世死去、アレクサンドル2世即位	日本 日露和親条約（1855）
1861	農奴解放令	世界 南北戦争（1861〜1865）
1873	ドイツ・オーストリアとの三帝同盟	世界 近代ドイツ帝国成立（1870）
1875	千島樺太交換条約	世界 江華島事件（1875）
1881	アレクサンドル3世即位	日本 西南戦争（1877）
1891	ロシア皇太子ニコライが訪日、大津事件	日本 大日本帝国憲法が公布（1889）
1894	露仏同盟	日本 日清戦争（1894〜1895）
1899	義和団事件	日本 日英同盟（1902）
1904	日露戦争が始まる	世界 英仏協商（1904）
1905	「血の日曜日」事件、ポーツマス条約が結ばれる	世界 ノルウェー独立（1905）
1906	ロシア最初のドゥーマ（国会）が開かれる	日本 鉄道が国有化（1906）

年代	ロシアのできごと	世界と日本のできごと
1907	イギリス、フランスと三国協商体制成立	日本 韓国併合（1910）
1917	ロシア二月革命、十月革命	世界 辛亥革命（1911）
1918	ロシア社会主義連邦ソヴィエト共和国成立	世界 第一次世界大戦（1914〜1918）
1919	コミンテルン（第三インターナショナル）結成	日本 日米のシベリア出兵（1918）
1920	ソ連・ポーランド戦争	世界 パリ講和会議（1919）
1921	新経済政策（NEP）が始まる	世界 国際連盟が成立（1920）
1922	スターリンが共産党中央委員会書記長に就任	世界 ワシントン会議（1921〜1922）
1925	日ソ基本条約調印	日本 日英同盟が破棄される（1921）
1927	イギリス、中国との国交断絶	世界 蒋介石が北伐を開始（1926）
1928	第一次5カ年計画	世界 パリ不戦条約（1928）
1936	スターリン憲法採択	世界 世界恐慌（1929）
1941	大祖国戦争（第二次世界大戦）参戦	日本 二・二六事件（1936）
1944	スターリンとチャーチルが極秘協定に調印	世界 第二次世界大戦（1939〜1945）
1945	ヤルタ会議	世界 ノルマンディー上陸作戦（1944）

1947	コミンフォルム（共産党・労働者党情報局）結成	日本 日本国憲法が公布（1946）
1953	スターリン死去、フルシチョフが党第一書記に就任	世界 朝鮮戦争（1950~1953）
1963	アメリカ、イギリスと部分的核実験禁止条約調印	世界 キューバ危機（1962）
1964	ブレジネフが党第一書記に就任	日本 東京オリンピック（1964）
1968	「ブレジネフ・ドクトリン」発表	世界 プラハの春（1968）
1979	ソ連軍がアフガニスタンに軍事介入	世界 イラン・イラク戦争（1980~1988）
1985	ゴルバチョフが書記長に就任	世界 プラザ合意（1985）
1986	チェルノブイリ原発事故、ペレストロイカが本格化	日本 昭和から平成に（1989）
1990	ロシア・ソヴィエト連邦社会主義共和国がロシア共和国に改称	世界 東西ドイツが統一される（1990）
1991	エリツィンが大統領に当選、ロシア連邦に改称	世界 湾岸戦争（1991）
1999	エリツィンが退任し、プーチンが臨時代行に	世界 香港が中国に返還される（1999）
2000	プーチンが大統領に当選	世界 アメリカ同時多発テロ（2001）
2008	メドヴェージェフが大統領に当選	世界 リーマン・ショック（2008）
2013	ウクライナ危機	世界 イギリスのEU離脱が決定（2016）
2018	プーチンが大統領に再選	世界 新型コロナウイルスが流行（2020）

参考文献

『ロシア世界 その歴史と文化』國本哲男・奥村剋三・小野堅（世界思想社）
『ロシア 闇と魂の国家』亀山郁夫・佐藤優（文春新書）
『ソ連 誤解をとく23の視角』袴田茂樹（中公新書）
『ロシア史を読む』マルク・ラエフ著／石井規衛訳（名古屋大学出版会）
『ナポレオンからスターリンへ 現代史エッセイ集』E.H.カー著／鈴木博信訳（岩波現代選書）
『現代史の中で考える』高坂正堯（新潮選書）
『世界史大系 ロシア史〈1〉〈2〉〈3〉』田中陽兒・倉持俊一・和田春樹（山川出版社）
『世界各国史 ロシア史』和田春樹編（山川出版社）
『世界宗教史叢書 キリスト教史 Ⅲ』森安達也（山川出版社）
『最新アトラス データで見るロシア ＣＩＳ』外務省ロシア・ＣＩS問題研究会編著（ダイヤモンド社）
『世界各国史 ポーランド・ウクライナ・バルト史』伊東孝之・井内敏夫・中井和夫編（山川出版社）
『ロシア 地図で読む世界の歴史』ジョン・チャノン、ロバート・ハドソン著／桃井緑美子訳（河出書房新社）
『中世ロシアの政治と心性』A.A.ゴルスキー著／宮野裕訳（刀水書房）
『ツァーリと大衆 近代ロシアの読書の社会史』巽由樹子（東京大学出版会）
『ロシア王朝物語』あまおかけい（言視舎）
『ロシア・ロマノフ王朝の大地』土肥恒之（講談社学術文庫）
『読んで旅する世界の歴史と文化 ロシア』原卓也監修（新潮社）
『毛皮と人間の歴史』西村三郎（紀伊國屋書店）
『新版 ロシアを知る事典』（平凡社）
『図説 ロシアの歴史』栗生沢猛夫（河出書房新社）
『図説 ソ連の歴史』下斗米伸夫（河出書房新社）
『民族とネイション ナショナリズムという難問』塩川伸明（岩波新書）
『ユーラシア胎動 ロシア・中国・中央アジア』堀江規雄（岩波新書）
『コーカサス 国際関係の十字路』廣瀬陽子（集英社新書）
『物語 ウクライナの歴史』黒川祐次（中公新書）
『物語 ポーランドの歴史』渡辺克義（中公新書）
『物語 チェコの歴史』薩摩秀登（中公新書）
『アフガニスタン 動乱の現代史』渡辺光一（岩波新書）
『レーニン 革命家の形成とその実践』河合秀和（中公新書）
『クレムリン 権力のドラマ レーニンからゴルバチョフへ』木村明生（朝日選書）
『スターリンからブレジネフまで ソヴェト現代史』アレク・ノーヴ著／和田春樹・中井和夫訳（刀水書房）
『ペレストロイカを読む　再生を求めるソ連社会』和田春樹編（御茶の水書房）
『プーチンとＧ８の終焉』佐藤親賢（岩波新書）

[著者]
関眞興（せき・しんこう）
1944年、三重県生まれ。東京大学文学部卒業後、駿台予備学校世界史科講師を経て著述家。『30の戦いからよむ世界史（上）（下）』『キリスト教からよむ世界史』『一冊でわかるアメリカ史』『一冊でわかるドイツ史』など著書多数。

編集・構成／造事務所
ブックデザイン／井上祥邦（yockdesign）
イラスト／suwakaho
図版／原田弘和
協力／奈落一騎、河野桃子
写真／Shutterstock

世界と日本がわかる　国ぐにの歴史
一冊でわかるロシア史

2020年10月30日　初版発行
2024年 8月30日　10刷発行

著　者　関眞興

発行者　小野寺優
発行所　株式会社河出書房新社
〒162-8544
東京都新宿区東五軒町2-13
電話03-3404-1201（営業）
03-3404-8611（編集）
https://www.kawade.co.jp/
組　版　株式会社造事務所
印刷・製本　TOPPANクロレ株式会社

Printed in Japan
ISBN978-4-309-81107-9

大好評！「一冊でわかる」シリーズ

ISBN978-4-309-81103-1

ISBN978-4-309-81102-4

ISBN978-4-309-81101-7

ISBN978-4-309-81106-2

ISBN978-4-309-81105-5

ISBN978-4-309-81104-8

ISBN978-4-309-81109-3

ISBN978-4-309-81108-6

ISBN978-4-309-81107-9